utb 5148

D1719404

Eine Arbeitsgemeinschaft der Verlage

Böhlau Verlag · Wien · Köln · Weimar
Verlag Barbara Budrich · Opladen · Toronto
facultas · Wien
Wilhelm Fink · Paderborn
Narr Francke Attempto Verlag · Tübingen
Haupt Verlag · Bern
Verlag Julius Klinkhardt · Bad Heilbrunn
Mohr Siebeck · Tübingen
Ernst Reinhardt Verlag · München
Ferdinand Schöningh · Paderborn
Eugen Ulmer Verlag · Stuttgart
UVK Verlag · München
Vandenhoeck & Ruprecht · Göttingen
Waxmann · Münster · New York
wbv Publikation · Bielefeld

Barbara Budrich

Erfolgreich Publizieren

Grundlagen und Tipps für Autorinnen und
Autoren aus den Sozial-, Erziehungs- und
Geisteswissenschaften

3., überarbeitete und erweiterte Auflage

Verlag Barbara Budrich
Opladen & Toronto 2019

Bibliografische Information der Deutschen Nationalbibliothek
Die Deutsche Nationalbibliothek verzeichnet diese Publikation in der Deutschen
Nationalbibliografie; detaillierte bibliografische Daten sind im Internet über
https://portal.dnb.de abrufbar.

Gedruckt auf säurefreiem und alterungsbeständigem Papier.

Alle Rechte vorbehalten.
© 2019 Verlag Barbara Budrich GmbH, Opladen & Toronto
www.budrich.de

utb-Bandnr.   **5148**
utb-ISBN   **978-3-8252-5148-2**

Das Werk einschließlich aller seiner Teile ist urheberrechtlich geschützt. Jede Verwertung außerhalb der engen Grenzen des Urheberrechtsgesetzes ist ohne Zustim-
mung des Verlages unzulässig und strafbar. Das gilt insbesondere für Vervielfältigun-
gen, Übersetzungen, Mikroverfilmungen und die Einspeicherung und Verarbeitung in
elektronischen Systemen.

Online-Angebote oder elektronische Ausgaben sind erhältlich unter
www.utb-shop.de.

Satz: Ulrike Weingärtner, Gründau – info@textakzente.de
Umschlaggestaltung: Atelier Reichert, Stuttgart
Titelbildnachweis: © Thomas Perkins/Fotolia.com
Druck: Friedrich Pustet, Regensburg
Printed in Germany

Inhaltsverzeichnis

Teil IV
Schluss

1 Einleitung

1.1 Was will dieses Buch, und was kann es?

Dieses Buch zu lesen ist besonders dann eine gute Idee, wenn Sie als Wissenschaftler oder Wissenschaftlerin bislang noch nicht veröffentlicht haben. Durch das Aufgreifen der Verlagsperspektive werden Sie aber auch auf Neues stoßen können, wenn Sie bereits ein „alter Autoren-Hase" sind.

Die Hochschulausbildung setzt zunehmend auf die Vermittlung von Schlüsselkompetenzen, sodass es Fortbildungsangebote in den Bereichen von wissenschaftlichem Arbeiten, von Rhetorik, Präsentation und so weiter gibt. Auch Veranstaltungen und Schulungen im Bereich des wissenschaftlichen Publizierens mehren sich. Und das aus gutem Grund.

Sie fragen sich vielleicht: „Muss ich als Wissenschaftlerin oder Wissenschaftler etwa über das Urheberrechtsgesetz oder das Ladenpreisbindungsgesetz Bescheid wissen? Und was soll ich mit den Korrekturzeichen? Ich will ohnehin bloß in englischsprachigen Zeitschriften publizieren – was schert mich da die Verlagsperspektive auf Bücher, noch dazu gedruckte Bücher? Die gibt es doch ohnehin bald nicht mehr! Was also kann in diesem Büchlein stehen, was ich nicht schon weiß oder gar nicht wissen will? Kalkulationen, Lizenzverträge, Open Access, Bibliothekspakete, Verramschen, Makulatur, PR-Aktionen – das hat doch alles nichts mit mir zu tun. Ich will doch nur mein Buch publiziert wissen. Und der Verlag oder die Redaktion sollen alles tun, was es dazu braucht."

Doch wie genau ist die Aufgabenverteilung zwischen Autor*innen und Verlag bzw. Redaktionen geregelt? Und woher sollten Sie als Wissenschaftler*in wissen, welche Texte, Grafiken, Abbildungen Sie ohne Probleme nochmals als Zeitschriftenaufsatz veröffentlichen können, wenn das Ganze bereits als Buch publiziert worden ist? Oder gibt es Umstände, die eine Veröffentlichung als Zeitschriftenaufsatz sinnvoller erscheinen lassen? Was darf auf eine Internetseite? Und wie finden Sie überhaupt einen geeigneten Verlag? Gibt es da Unterschiede? Nach welchen Kriterien beurteilt man dort Ihr Manuskript? Wie funktionieren Open-Access-Publikationen?

Diese Fragen machen den Raum auf, in dem dieses Buch sich bewegt. Das Buch erzählt vom wissenschaftlichen Publizieren aus Verlagsperspektive. Sie als Autorin oder Autor werden eingeladen, das Büchermachen aus Sicht der Büchermacher zu betrachten; Publikationen in Zeitschriften nehmen wir auf dieser Reise ebenfalls mit. Wenn Sie Ihr erstes Buch oder Ihren ersten Zeitschriftenaufsatz veröffentlichen wollen, können Sie froh sein, Leute mit Expertise, Erfahrung und Engagement an Ihrer Seite zu wissen, denn es gibt in diesem Bereich so viel, von dem Sie nicht einmal wissen, dass Sie danach fragen könnten, wenn Sie nicht bereits davon gehört haben – wie z. B. der Abschluss eines Wahrnehmungsvertrags mit der VG Wort.

Leider sind auch die Betreuer*innen an den Hochschulen nicht immer ausreichend über alles informiert. Manche pflegen eigene Buchreihen in einschlägigen Verlagen und möchten ihren Nachwuchs dort hinschicken. Das ist häufig sinnvoll, manchmal nicht. Manche Betreuer*innen empfehlen in ihren Gutachten dringend die Publikation von Arbeiten, vor denen ein Verlag dann möglicherweise ratlos steht, da er sie aus Gründen der Programmpflege oder der betriebswirtschaftlichen Kalkulation nicht publizieren kann. Und häufig sind Professor*innen in den Post-Bologna-Zeiten in der Hauptsache neben der Lehre mit der Verwaltung der Hochschulen und dem Ausstellen von Beurteilungen derart beschäftigt, dass eine Betreuung von Nachwuchswissenschaftler*innen auf dem Weg zur Autorenschaft schwer zu gewährleisten ist. Zudem ist das zahlenmäßige Verhältnis von Lehrenden zu Studierenden vielerorts deprimierend.

So versteht sich dieses Büchlein als Handreichung, um rasch und übersichtlich in eine Welt einzuführen, die Autor*innen häufig als eine Mischung aus Behörde, Bank und Freundeskreis, als Black Box und Familie zugleich wahrnehmen.

Viele Bereiche sind ausgespart, viele nur eben gestreift. Es gibt bereits Einführungen ins Verlagswesen (Schönstedt 2010; von Lucius 2014), Überblicke und Einführungen ins Vertragsrecht und Urheberrecht (Schulze 2009) etc.pp. Auch gibt es zuhauf Einführungen ins wissenschaftliche Arbeiten (Boeglin 2012) bzw. Schreiben (Scherübl/Günther 2015; Scheuermann 2016; Dreyfürst u. a. 2014; Esselborn-Krumbiegel 2014) sowie Handreichungen für die Bereiche Lektorat (Fetzer 2015;

Schickerling u. a. 2012) und Typografie (Willberg/Forssman 1999 und 2010). Und wenn das eine oder andere Sie besonders interessiert, sollten Sie vertiefende Literatur konsultieren. Die Liste am Ende dieses Buches ist sehr kurz. Sollten Sie weitere Literaturtipps wünschen, fragen Sie mich:

barbara.budrich@budrich.de.

Insgesamt ergibt sich ein kleiner Ritt durch die Welt der Wissenschaftsverlage, nicht allumfassend, jedoch als Einladung, diesen Perspektivwechsel für die eigene Sache zu nutzen. Die Transparenz, die hier angestrebt wird, möge dazu führen, dass die Kommunikation zwischen Verlag und Autor*innen eine breitere und sicherere Vertrauensbasis erhält. Wenn Sie etwas nicht wissen, wenn Ihnen etwas merkwürdig vorkommt – fragen Sie! Das ist hoffentlich eine Konsequenz, die sich für Sie aus der Lektüre dieses Büchleins ergibt.

Einige Dinge, mit denen „alte Autoren-Hasen" sich bereits abgefunden haben, können Ihnen hier unter anderen Vorzeichen begegnen, und das „Aha", das sich beim Lesen einstellt, führt möglicherweise zu neuen Fragen, die neue Projekte oder andere Verwertungsmöglichkeiten ergeben. Oder Sie nehmen ganz erschrocken die PDF-Datei Ihres Buches von Ihrem Server, weil der Verlag der kostenlosen digitalen Veröffentlichung des Projekts nicht zustimmen kann. Oder Sie organisieren eine neue Printing-on-Demand-Möglichkeit für Ihr längst vergriffenes Erstlingswerk.

Fachverlage sehen sich im digitalen Zeitalter mit einem rasanten Wandel konfrontiert. Daher ist dieses Buch im Augenblick des Erscheinens möglicherweise bereits veraltet, z.B. was die Gesetzeslage im Hinblick auf die digitale Zweitverwertung von Büchern angeht. Wer weiß, welche Nutzungsarten in den nächsten Jahren entwickelt werden? Und wie der Gesetzgeber sich in Sachen Urheberrecht weiter verhält? Und wie sich Verkaufs- und Absatzzahlen von gedruckten Büchern weiter entwickeln, wenn die meisten Wissenschaftler*innen in Zeitschriften veröffentlichen? Oder was passiert, wenn die Karawane sich von den Zeitschriften verabschiedet und wiederum weiterzieht?

Das Buch geht von den Gepflogenheiten der Fachbereiche der Sozial-, Erziehungs- und Geisteswissenschaften aus. In den Rechts- und Wirtschaftswissenschaften, aber vor allem in den Naturwissenschaften gelten z.T. andere Regeln, sind andere Dinge wichtig. Zum Publizieren in den Naturwissenschaften, das sich sehr stark auf englischsprachige Zeitschriften und Server konzentriert, gibt es eine Reihe von Publikationen, die im Internet rasch zu finden sind (z. B. Ebel/Bliefert/Greulich 2006).

1.2 Der Ordnung halber

Das Buch ist in vier Teile gegliedert. Der erste Teil widmet sich der Verlagsperspektive. Hier werden Anliegen und Kriterien des Verlages so dargestellt, dass sie verständlich und nachvollziehbar werden. Dabei werden nach einem kurzen Blick auf Thema und den „Nasenfaktor" zunächst Bücher aus betriebswirtschaftlicher Sicht kategorisiert und ihre Verkäuflichkeit in den Vordergrund gerückt.

Da auch in unseren Wissenschaften das Publizieren in Zeitschriften wichtiger geworden ist, diskutieren wir diesen Aspekt ebenso wie die Besonderheiten von Dissertationspublikationen.

Welche Möglichkeiten Autor*innen haben, Druckkostenzuschüsse einzuwerben, wird mit der Frage verknüpft, wann und warum solche Subventionen überhaupt ihre Berechtigung haben. Open Access, aber auch dem internationalen Publizieren und Übersetzungen sind eigene Kapitel gewidmet.

Teil II beschäftigt sich mit redaktionellen und typografischen Fragestellungen. Immer wieder geht es im Bereich der redaktionellen Arbeit um Vereinheitlichung und Struktur als oberste Kategorien; Verständlichkeit und Vermittlung sind die Hauptanliegen. Dies spiegelt sich auch in den Anforderungen und Erläuterungen zu Gestaltungs-, also typografischen Fragen.

Der dritte Teil befasst sich mit der Kommunikation und Interaktion zwischen Autor*innen und Verlag – wie schätze ich meine Zielgruppe realistisch ein, wie präsentiere ich mein Manuskript, welche Verhandlungsspielräume sind bei der Gestaltung von Verträgen wichtig, und wie läuft die Kooperation mit dem Lektorat.

Der vierte Teil nimmt die losen Fäden der vorangegangenen Kapitel auf und verbindet sie zu einem Ganzen – dabei steht immer wieder die Kommunikation zwischen Autor*innen und Verlag im Zentrum.

Knapp und unterhaltsam leistet dieser Band so einen Beitrag zu einem besseren und transparenteren Miteinander.

1.3   Was nicht geht

In diesem Buch sind Jahrzehnte Berufserfahrung geronnen, überzogen mit einer feinen Glasur aus vielen Workshops und Vorträgen zum Thema „Wissenschaftliches Publizieren" – für Graduiertenkollegs, auf Konferenzen und Kongressen sowie bei weiteren mehr oder weniger unterhaltsamen Gelegenheiten im deutschsprachigen Raum, in Europa und darüber hinaus wie z. B. in Südafrika und Chile, allein oder mit Kolleg*innen aus Deutschland und der Welt.

Meine Erfahrungen zeigen vor allem eins: Fehler gehören zum Geschäft. Machen Sie uns auf Dissonanzen, falsche Konkordanzen, schlichte Rechtschreibfehler und grobe Lücken aufmerksam. Wir möchten gern (noch) besser werden.

Jede Publikation ist anders, jedes Projekt ist einzigartig. Wenn Sie Ihre ureigene Fragestellung hier nicht angesprochen finden, wenn Sie Fragen haben, die tiefer in die Materie einzudringen notwendig machen: Wenden Sie sich gern an uns! (Auch wenn Sie vorhaben, in einem anderen Verlag zu publizieren, oder unsicher sind, ob Sie überhaupt veröffentlichen möchten.)

Nicht alle Fragen können hier erschöpfend beantwortet werden, und viel Material habe ich mit Absicht nicht in dieses Büchlein aufgenommen. So gibt es im Internet Weiteres unter blog.budrich.de/erfolgreich-publizieren/ und die Möglichkeit, sich zu äußern und Fragen zu stellen. Vielleicht hat die 4. Auflage dieses Buches als Folge aus Ihren Fragen noch hundert Seiten mehr … Kontaktieren Sie mich gern per E-Mail unter

barbara.budrich@ budrich.de.

Teil I
Verlagskunde für Autor*innen

2 Kurze Buchtypenkunde

Wer ein Manuskript – sei es die Doktorarbeit oder eine Einführung in die Sozialwissenschaften – fertiggestellt hat, ist stolz darauf. Ein Manuskript abzuschließen ist eine große schöpferische Leistung, und jedes Manuskript ist einzigartig. Nun hat man all die Gedanken, Arbeit und Zeit in dieses Werk gesteckt, und spätestens jetzt beginnt die Suche nach einem geeigneten Publikationspartner. Seit der ersten Auflage dieses Buches (2009) hat sich mit Blick auf Publikationskanäle viel getan. Die Vielfalt der Möglichkeiten ist einerseits explodiert, andererseits hat sich der Fokus verschoben: Waren in den Sozial-, Geistes- und Erziehungswissenschaften bislang wissenschaftliche Monografien die Hauptpublikationsorte, haben sich diese Wissenschaften der komplexen Gedankengebilde, die sich differenziert nur in Worten ausdrücken lassen, in vielen Bereichen den Gepflogenheiten der Naturwissenschaften angepasst, deren komplexe Ergebnisse sich typischerweise trefflich in Formeln präsentieren lassen. Aus intensiven Monografien, aus langen Texten werden auf diesem Wege knappe, konzise Zeitschriftenaufsätze (Hagner 2015). Die Notwendigkeit in englischsprachigen, gerankten und peer-reviewten Zeitschriften zu veröffentlichen, spiegelt sich in vielen Bewertungsverfahren im Wissenschaftsbereich wider. Mehr zu diesem Themenkomplex in Kapitel 4.

Zum anderen ist Publizieren so einfach geworden, dass über Plattformen, Dienstleistungsanbieter aller Art mehr oder weniger Self-Publishing betrieben werden kann: ohne Qualitätskontrollen, ohne Begleitung, Beratung, ohne den Blick darauf, ob diese Publikation der wissenschaftlichen Karriere wirklich förderlich ist. Die Rezeption dieser Veröffentlichungen ist sehr unterschiedlich, um es neutral auszudrücken.

Wenngleich also die klassische Monografie, zumal als gedrucktes Buch, deutliche Konkurrenz bekommen hat, ist dies für viele Autor*innen aus der Wissenschaft nach wie vor die präferierte Publikationsform. Und es ist mit Blick auf die eigene Wissenschaftskarriere von Vorteil, in einem renommierten Wissenschaftsverlag zu veröffentlichen.

Über Verlage und Verleger ist von Autor*innen viel gesagt worden – meist wenig Schmeichelhaftes. Und das meiste stimmt. Vor allem stimmt es, dass Verleger wie auch Verlegerinnen nahezu immer auf den Markt schielen und immer darauf bedacht sind, nur solche Bücher zu verlegen, die Geld bringen. Lassen Sie es mich noch ein wenig differenzierter sagen: Verleger*innen wollen nur solche Bücher verlegen, die zumindest das Geld wieder einbringen, das sie kosten! In Verlagen gibt es zur Kostendeckung Rechenmodelle, die i. d. R. den Buchtypus berücksichtigen. So ist grundsätzlich zu erwarten, dass eine Diplomarbeit – von deren Veröffentlichung ich Ihnen abraten möchte – am Markt eine Verkaufskurve hat, die sich deutlich von der eines erfolgreichen Lehrbuchs unterscheidet. Das ist trivial – wenn man mal darüber nachgedacht hat.

Es gibt Gründe, warum ein Verlag ein Manuskript akzeptiert, auch wenn die kalkulatorische Seite möglicherweise wenig erfolgversprechend aussieht. Wenn der Verlag einen bestimmten thematischen Schwerpunkt in seinem Programm hat, ist er vielleicht bereit, die sogenannte Mischkalkulation zu bemühen: Der wirtschaftliche Erfolg eines Titels wiegt den fehlenden Erfolg anderer Titel auf. So können auch schwächere Titel in einem insgesamt stärkeren Umfeld publiziert werden.

Es gibt eine weitere Möglichkeit, nach der Verlage die Qualität und Publikationswürdigkeit von Projekten einschätzen: nach ihrem Wert für die Vermarktung eines – vor allem digitalen – Gesamtpakets. Konzernverlage sind dazu übergegangen, massenhaft Manuskripte einzusammeln, deren Publikationswürdigkeit in der Regel kaum oder gar nicht geprüft wird, um sie zusammengeschnürt als „Masse" an Bibliotheken zu verkaufen. Das einzelne Werk ist dabei weitestgehend irrelevant. Wichtig ist, dass einzelne, qualitativ hochwertige „Must Have"-Werke für die Bibliotheken in teuren Gesamtpaketen enthalten sind. Dieses Geschäftsmodell, das mit der Verlegerei im eigentlichen Sinne nichts gemein hat, vernachlässigt die wirtschaftliche Einzelkalkulation, also die Verkäuflichkeit, des einzelnen Titels und richtet sich ausschließlich auf die profitable Masse (mehr zu diesem Vorgehen im Bericht der Berlin-Brandenburgischen Akademie der Wissenschaften (BBAW 2015)).

Im Zeitschriftenbereich sind die Kosten für Abonnements vor allem im MINT-Bereich (Mathematik, Informatik, Naturwissenschaften und Technik) derart in die Höhe getrieben worden, dass die Bibliotheken einen anderen Weg zu gehen versuchen. Anstatt den Verlagen die teuren Pakete abzukaufen, bekommen die Verlage für ihre Zeitschriften im Rahmen von DEAL von einem Zusammenschluss großer Wissenschaftseinrichtungen einen sehr hohen Betrag ausgezahlt. Dieser Betrag ermöglicht auf der einen Seite den Nutzer*innen den Zugriff auf diese Zeitschriften über ihre Bibliotheken. Auf der anderen Seite bekommen die Autor*innen der beteiligten Institutionen die Möglichkeit, ohne Zusatzkosten Open Access in den entsprechenden Zeitschriften zu publizieren. Für die einzelnen Wissenschaftler*innen entsteht damit der Eindruck, dass die Zeitschriftenangebote der Großkonzerne kostenlos verfügbar seien. Und dass sogar die Publikation im Open Access kostenfrei möglich ist. Dass aus staatlicher Hand enorme Summen fließen, bleibt der und dem Einzelnen verborgen.

Doch zurück zu den eigentlichen wissenschaftlichen Fachverlagen.

Für den wissenschaftlichen Fachverlag, den ich hier deutlich von diesen Konzernverlagen abgrenzen möchte, gibt es idealiter die in Übersicht 2.1 dargestellten drei Buchtypen zu unterscheiden.

Übersicht 2.1: Die drei Buchtypen

Buchtyp I	
Qualifikationsarbeiten (Dissertation und Habilitationsschrift)	Absatzerwartungen generell relativ gering; zumeist Druckkostenzuschuss notwendig; Laufzeit der Bücher ca. zwei, maximal drei Jahre.
Forschungsarbeiten/-berichte	
Tagungsdokumentationen	
Buchtyp II	
Konzipierte Sammelbände	Absatzerwartungen immer mehr rückläufig; daher immer häufiger Druckkostenzuschuss notwendig; Laufzeit der Bücher ca. zwei, maximal drei Jahre.
Monografien mit aktuellerem Themenbezug	
Buchtyp III	
Einführungen/Grundlagenbücher	Absatzerwartungen meist ausreichend hoch; selten Druckkostenzuschuss; Laufzeit der Bücher „unbegrenzt" bei regelmäßigen Neuauflagen (im Rhythmus von zwei bis drei Jahren).
Lehrbücher	
Handbücher	

Quelle: Eigene Darstellung.

Unabhängig vom jeweils aktuellen Umfang eines Buches ist zu bedenken, dass die Bücher in der Autorenbetreuung (Telefonate, Mails, Beratungszeiten etc.), in der Produktion (Layout, Druck, Buchbinder), im Vertrieb

(Metadatenverwaltung, Lagerkosten, Porti, Kosten der Rechnungstellung etc.) und in der grundlegenden Werbung (Aufnahme in Kataloge, Anzeigen, Pflege im Internet etc.) zunächst einmal alle gleich teuer sind. Natürlich kosten größere Auflagen absolut gesehen mehr Geld, aber es gibt Sockelbeträge – wie zum Beispiel die Covergestaltung –, die zunächst einmal unabhängig von der Auflagenhöhe entstehen. Es mögen dann Unterschiede auftreten, wenn für die Bücher, bei denen es den Absatz fördern könnte, besondere Aktionen veranstaltet werden; so kommt ein Verlag nicht ohne Weiteres auf die Idee, den Autor einer normalen Dissertation auf eine Lesereise durch die Hochschulen oder Buchhandlungen der Republik zu schicken; bei anderen – durchaus auch – wissenschaftlichen Büchern mag dies gelegentlich vorkommen.

Bleiben wir zunächst mit Blick auf die Kosten beim demokratischen Prinzip, dass alle Bücher aus der Verlagsperspektive grundsätzlich die gleichen Kosten verursachen. Wie aber sieht der Verkauf aus?

Die Verkaufszahlen der einzelnen Buchtypen sind unterschiedlich und lassen sich grafisch in etwa so darstellen, wie in Übersicht 2.2 gezeigt. Hier ist klar zu sehen, dass der Buchtyp III des Verlegers „liebstes Kind" ist: Er lässt die längste Lebenszeit bei höchsten Absatzzahlen erhoffen.

Buchtyp III also ist die Gattung Buch, von der ein Verlag lange zehren kann – wenngleich die Darstellung in Übersicht 2.2 natürlich überidealisiert. Ein verlegerisches Problem ist, dass ein Buch unter Umständen zwar Buchtyp III zugeordnet werden, es aber durchaus sein kann, dass der erwartete Erfolg ausbleibt. Beispielsweise kann ein Lehrbuch zu voraussetzungsreich sein – und der Lektor hat dies nicht erkannt. Oder ein Wissenschaftszweig, für den die Einführung gedacht war, hat keinen Zulauf mehr. Oder das Fach entwickelt sich in eine andere Richtung weiter, als die im Buch zugrunde gelegte. Oder es kommt ein großes Konkurrenzwerk, das dem eigenen Buch das Wasser abgräbt usw.

Beim Buchtyp I ist bei der Einschätzung der Absatzzahlen weniger falsch zu machen, obschon es auch Bücher gibt, die sich in noch geringerer Stückzahl verkaufen als in Übersicht 2.2 dargestellt. Ist dies im Vorfeld absehbar, wäre es ratsam, über andere Veröffentlichungskanäle nachzudenken: Eine Open Access-Publikation oder ein Aufsatz in einer entsprechenden Fachzeitschrift können Alternativen sein.

Übersicht 2.2: Absatzerwartung nach Buchtyp

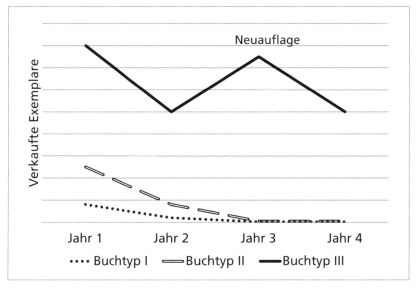

Quelle: Eigene Darstellung.

Bevor wir in die Buchtypenkunde einsteigen, lassen Sie uns einen Blick auf zwei Faktoren werfen, die unabhängig von der Buchtypen-Zuordnung eine Rolle spielen können.

2.1 Das Thema

Knackpunkt für ein in seinem Rahmen erfolgreiches Buch ist die behandelte Thematik.

Wenn wir davon ausgehen, dass selbst ein mit Druckkostenzuschuss gefördertes Werk sich zumindest – sagen wir mal – 100 Mal verkaufen muss, damit der Verlag keinen Verlust einfährt, dann ist die im Buch behandelte Thematik zentral. Es macht einen Unterschied, ob eine biogeografische Studie die Regenwurmfauna am Großglockner untersucht oder die Auswirkung monokulturell angelegter Forstwirtschaft in Deutschland. Denken Sie sich analoge Gegenstände für Ihr Fachgebiet aus. Wenn Sie versuchen, von Ihrer eigenen derzeitigen Forschungsfrage einen

Schritt zurückzutreten und sie in den nächstgrößeren Kontext einzuordnen, bis Sie irgendwann auf einer allgemeineren Fachebene angekommen sind, dann können Sie sich auf dieser Grundlage die Größenordnung der potenziellen Kundschaft ungefähr überlegen.

Die Thematik ist zentral für das potenzielle Interesse in der Scientific Community. (Einmal abgesehen von exemplarischen Studien und Präzedenzfällen: keine Regel ohne Ausnahmen.) Je größer der angesprochene Zeitraum, je größer das untersuchte Feld, desto mehr Menschen beschäftigen sich vermutlich mit dem Gegenstand. Je größer die Zahl derer, die sich mit dieser Fragestellung beschäftigen, desto größer der potenzielle Kundenkreis, desto geringer die „Bauchschmerzen" des Verlages mit Blick auf den zu erwartenden Absatz.

Wenn Sie Ihr Manuskript veröffentlicht sehen wollen, schadet es nicht, sich im Vorfeld mit derartigen Fragen zu befassen. Besprechen Sie sich mit Professor*innen, mit Kolleg*innen, vielleicht ergibt sich die Möglichkeit, auf einer Veranstaltung die Lektor*innen der von Ihnen favorisierten Verlage anzusprechen und mit ihnen zu diskutieren, ob sie ein Interesse an einer Veröffentlichung haben könnten. Diese frühe Offensive kann Ihnen nur Vorteile bringen. Schlimmstenfalls bekommen Sie zu hören, dass man Ihnen ohne genauere Informationen über Ihr Projekt (noch) nichts sagen kann. Lassen Sie sich davon nicht entmutigen und fragen Sie einen anderen Verlag. Ein konkretes Angebot wird Ihnen ohne weitere Unterlagen nur ein Verlag machen können, der keine spezifische Programmpflege betreibt, also ein Verlag, der sich auf die Publikation mit Druckkostenzuschüssen konzentriert oder ein Konzernverlag, ohne Anspruch an eine qualitätsvolle Auswahl (auch hier mag es Ausnahmen geben).

Allerdings: Über welches Thema Sie promovieren möchten, woran Sie als Nächstes arbeiten wollen, sollten Sie vom wissenschaftlichen Kontext, Ihren Neigungen und Möglichkeiten abhängig machen – nicht allein von potenziellen Absatzmärkten.

Unabhängig von allen wissenschaftlichen Ansprüchen ist für den potenziellen Absatz und die generelle Wahrnehmung eines Buches entscheidend, welches Thema es behandelt und welche Konjunktur das Thema in einschlägigen Wissenschaftskreisen hat.

2.2 Der Nasenfaktor

Da ich auf meinen Veranstaltungen so häufig darauf angesprochen werde, hier noch eine kurze Anmerkung zum Thema der persönlichen Bedeutsamkeit der Autor*innen.

Gelegentlich fragen mich vor allem Nachwuchswissenschaftler*innen, ob ihre Manuskripte in einem Verlag überhaupt eine Chance haben könnten – schließlich seien sie selbst in der Wissenschaft noch gar nicht bekannt.

Der als „Nasenfaktor" bekannte Vorteil, wenn Sie als Autor*in bereits bekannt sind, ist nicht vollkommen von der Hand zu weisen: Bei der Programmpflege gibt es in Verlagen gelegentlich auch „politische" Entscheidungen. Schließlich ist es der Reputation eines Verlages zuträglich, qualitativ hochwertige Arbeiten bekannter Wissenschaftler*innen im Programm zu führen.

Im Umkehrschluss bedeutet dies aber nicht, dass Wissenschaftler*innen, die sich noch keinen Namen gemacht haben, keine Chancen hätten.

Wie Sie gleich anhand der verschiedenen Buchtypen sehen können, fließen eine ganze Reihe unterschiedlicher Überlegungen in die Verlagskalkulation ein – und der „Nasenfaktor" ist eher ein Zünglein an einer Entscheidungswaage als ein entscheidender Faktor.

Nutzen Sie also Ihre (noch) fehlende Reputation nicht als Ausrede, um Ihr Licht unter den Scheffel zu stellen!

2.3 Buchtyp I
Qualifikationsarbeiten,
Tagungsdokumentationen und -berichte

Beim Buchtyp I ist es häufig so, dass Urheber*innen diese Manuskripte aus unterschiedlichsten Gründen veröffentlichen müssen oder wollen. Dies gilt vor allem für Qualifikationsarbeiten, insbesondere Dissertationen, die veröffentlicht werden müssen, wenn die Autor*innen sich in der Wissenschaft profilieren wollen. Dies gilt abgeschwächt für Tagungsdokumentationen und für Forschungsberichte, die, einmal angefertigt, auch veröffentlicht werden können. Das ergibt neue Einträge auf der Veröffentlichungsliste und die Möglichkeit, sich bei der VG Wort anzumelden (s. Kap. 6).

Aus Übersicht 2.2 ist nachzuvollziehen, dass der fehlende Verkauf für Bücher, die zum Buchtyp I gehören, ganz grundsätzlich einen Druckkostenzuschuss notwendig machen kann. Einen solchen Zuschuss braucht ein Verlag, um Bücher zu veröffentlichen, die sich aus dem Erlös des eigenen Verkaufs nicht selbst finanzieren. Das heißt, der Verlag geht kein *Risiko* ein, wenn er auf einen Druckkostenzuschuss verzichtet, sondern er lässt sich auf einen *Verlust* ein. Dies machen Verlage selten: manchmal beispielsweise bei Festschriften, die sie den Geehrten „schenken". Für ein solches, mehrere tausend Euro teures Geschenk sollten die Beziehungen zwischen Verlag und Geehrtem eng sein.

2.3.1 Qualifikationsarbeiten

Zurück zu den Qualifikationsarbeiten. Dissertationen und Habilschriften (die es angeblich nicht mehr gibt) sind zumeist bereits fertiggestellt, wenn die Autor*innen den Verlag ansprechen. Es gibt Verlage, die sich auf die Veröffentlichung von Qualifikationsarbeiten spezialisiert haben, und andere, die dafür eigene Imprints oder Reihen eingerichtet haben. In diesen Verlagen bzw. für diese Imprints oder Reihen wird das Manuskript zumeist kurz geprüft und dann – unter Umständen gegen die Zahlung eines entsprechenden Druckkostenzuschusses – veröffentlicht. In der Regel wird keine oder nur sehr wenig Überarbeitung des Ursprungstextes erwartet.

Es gibt auch die Möglichkeit, Dissertationen, ja sogar Hausarbeiten und kurze Essays bei verschiedenen Anbietern hochzuladen. Teils werden dafür Vergütungen angeboten, falls diese Publikationen zu einem von den Autor*innen festgesetzten Preis heruntergeladen werden. Wenn Sie nicht weiter in der Wissenschaft tätig bleiben wollen, stehen Ihnen diese Möglichkeiten offen. Sollten Sie eine wissenschaftliche Karriere anstreben, bedenken Sie bitte: Ist der Inhalt, den Sie hier anbieten, auch dann noch vertretbar, wenn Sie als Professor*in arbeiten? Oder könnte es sein, dass es Ihnen späterhin unangenehm ist, dass Ihre ersten wissenschaftlichen Schritte öffentlich nachvollziehbar sind? Bedenken Sie auch, dass es für diese Publikationsplattformen in der Regel keinerlei Lektorat gibt. Im Zweifel sollten Sie mit erfahrenen Kolleg*innen beraten, ob die eine oder andere spezifische Plattform für eine bestimmte Publikation infrage kommt. Und machen Sie sich keine Sorgen, Sie könnten einen reichen Geldsegen verpassen. Ich verspreche Ihnen, da verpassen Sie nichts! Es ist schön, ein wenig Geld aus der eigenen publizistischen Tätigkeit zu erhalten, wenn sich die Absatzzahlen entsprechend entwickeln. Viel Geld wird es jedoch nie – und sicherlich wollen Sie dafür nicht Ihren wissenschaftlichen Ruf verspielen.

Manche Verlage veröffentlichen Qualifikationsarbeiten in ihrem normalen Programm und nicht in einer speziellen Abteilung. Das kann für die Autor*innen recht arbeitsaufwendig werden – allerdings ohne dass ein Druckkostenzuschuss dadurch automatisch obsolet würde. Das ist für diejenigen, die Arbeit investieren müssen, vielleicht schwerlich nachvollziehbar: Da sollen sie das Ganze intensiv überarbeiten, doch an den Konditionen ändert das nichts. Für den Verlag stellt sich die Situation anders dar. Er übernimmt die Dissertation als „normales Buch" in sein Programm. Die Überarbeitung ist notwendig, um in das Programm aufgenommen zu werden, an das bestimmte Erwartungen geknüpft werden. An den sehr bescheidenen Absatzerwartungen ändert dies wenig.

In manchen Prüfungsordnungen ist vermerkt, dass eine Dissertation unverändert und unter dem Originaltitel zu publizieren ist. Sie sollten also vor einer etwaigen Überarbeitung prüfen, ob dies an Ihrem Fachbereich derart restriktiv gehandhabt wird. Sollte dies der Fall sein, nutzen Sie die Möglichkeit, Ihre Originalarbeit beispielsweise auf Microfiche zu veröffentlichen – die Älteren unter uns werden sich erinnern: Das sind Mikrofilme, die mithilfe entsprechender Lesegeräte gelesen werden können –, oder besprechen Sie mit Ihrem Verlag, ob er mit der Online-Publikation auf dem Bibliotheksserver einverstanden ist; unter Umständen macht dies die Publikation für den Verlag uninteressant. Stimmt er aber zu, dann haben Sie bei der anschließenden Veröffentlichung des Buches freie Hand: Die Einschränkungen für die Dissertationspublikation haben Sie damit hinter sich gelassen.

Übrigens: Sollten Sie Ihre Dissertation bereits veröffentlicht haben – und sei es „nur" online mithilfe Ihrer Uni-Bibliothek –, sollten Sie dies dem Verlag unbedingt bei den Vertragsverhandlungen mitteilen. Andernfalls könnte es theoretisch sein, dass Sie einen Vertrag unterzeichnen, den Sie bereits durch das Hochladen Ihres Manuskripts verletzt haben.

Zur generellen Orientierung mit Blick auf mögliche Überarbeitungen: Es gibt – vor allem in Dissertationen – zum Beispiel die Tradition der Verbeugung vor den Vorvätern und Urmüttern der Wissenschaften. Da wird ausführlich zitiert, der Forschungsstand mit vielen Belegen nachgezeichnet und fleißig Name Dropping betrieben. Sinn und Zweck für die Qualifikationsarbeit ist klar: Die Promovierenden sollen nachweisen, dass sie die zentrale Literatur kennen, dass sie den Stoff souverän beherrschen. Für einen Leser, eine Leserin, die sich das Buch kaufen, sind diese Stellen unter Umständen ermüdend. Wer sich so tief im Stoff befindet, dass er sich mit den spezialisierten Fragestellungen, die in Dissertationen behandelt werden, auseinandersetzt, der kennt sich mit dem Stand der Forschung und dem Gang der Disziplin in der Regel ausreichend aus – und falls nicht, dann wäre vermutlich eine grundlegende Einführung notwendig. Also wird die zuständige Lektorin anmerken, dass das Kapitel 2 „State of the Art" gekürzt werden sollte.

Bei empirischen Arbeiten gilt dies entsprechend für das meist folgende Kapitel 3 „Zur Methode": Kürzen und auf das Wesentliche beschränken!

Außerdem gilt bei empirischen Arbeiten zumeist: Alle Tabellen und Grafiken, bis auf ganz wenige Ausnahmen, bitte in den Anhang. Den Fragebogen oder Interviewleitfaden bitte auch in den Anhang. Den Anhang dann zum kostenlosen Herunterladen ins Internet stellen. Es hat sich bewährt, ins Vorwort oder die Einleitung oder auch in eine Fußnote an einschlägiger Stelle einen DOI, URN oder eine URL aufzunehmen, die den Ort im Internet bezeichnet, an dem die Datenmengen bereitgehalten werden. DOIs – Digital Object Identifier – sind eine Zeichenkombination, die das jeweilige Dokument eindeutig bezeichnet. Selbst bei einem etwaigen Serverumzug bleibt das Dokument über den DOI weiterhin zugänglich. Ähnlich verhält es sich mit dem URN. Eine Anschrift – Post oder E-Mail –, bei der die Tabellen und Grafiken als Ausdrucke oder Dateien abgerufen werden können, hat sich in der Praxis ebenfalls bewährt. Jede gedruckte Buchseite kostet Geld und treibt den Ladenpreis in die Höhe. Nur wenige Leser*innen interessieren sich für viele Details. Diejenigen, die sich dafür interessieren, gehen gern den Weg des direkten Kontakts, der es auch ermöglicht, sich mit den Autor*innen auszutauschen (mehr zur technischen und rechtlichen Seite von Tabellen, Grafiken, Abbildungen in Kapitel 11).

Eine Qualifikationsarbeit bedarf oft grundlegender Überarbeitung, um ein „echtes" Buch zu werden, dem sein Ursprung nicht mehr anzumerken ist. Als Autor*in sollten Sie gut überlegen, ob dies sinnvoll ist (und sich erkundigen, ob es erlaubt ist: In manchen Promotionsordnungen ist vorgeschrieben, die Dissertation unverändert zu veröffentlichen).

2.3.2 Tagungsdokumentationen

Viele Fachverlage veröffentlichen keine reinen Tagungsdokumentationen, da sie zumeist sehr geringe Absatzerwartungen haben, aber auch, weil ihre Bedeutung für ein wissenschaftliches Buchprogramm häufig nicht sehr groß ist. Oft sind die einzigen potenziellen Interessenten die Tagungsteilnehmer*innen. Eine Ausnahme bilden Dokumentationen von sehr großen Tagungen, sodass der Kreis der Teilnehmer*innen groß genug ist, um die Veröffentlichung in ausreichender Zahl abzusetzen. Es ist klug, wenn die Initiator*innen dafür sorgen, dass der Erwerb des Tagungsbandes in der Teilnahmegebühr der entsprechenden Veranstaltung bereits enthalten ist, die Veröffentlichung des Bandes also auf diese Art bereits im Vorfeld finanziert wird.

Übersicht 2.3: Leitfaden für Tagungsbände (Format A5)

Wann

Früh genug mit dem Verlag Kontakt aufnehmen, vielleicht sogar, bevor das Tagungsprogramm endgültig steht, in jedem Falle nicht erst, wenn alle Beiträge druckfertig vorliegen.

Was

Das Verlagsinteresse ist leicht zu durchschauen: Das Buch soll verkäuflich sein und gut in das übrige Verlagsprogramm passen. Die wichtigsten formal-inhaltlichen Kriterien dazu sind:

- Formale Einheitlichkeit (s. unsere „Hinweise für Herausgeber*innen und Autor*innen"; Übersicht 10.1) schaffen.

- Einheitlichkeit der inhaltlichen Stoßrichtung der einzelnen Beiträge („roter Faden", der direkt anhand der Titelformulierungen erkennbar ist) gewährleisten.

- Idealerweise kommt das Ganze einer Monografie nahe: Die Beiträge bauen aufeinander auf, ergänzen einander, sind durch einheitliche Sprache, einheitliches Niveau, einheitliche Zielgruppe gekennzeichnet.
- Es ist günstiger, einige Tagungsbeiträge herauszulassen bzw. neue einzuwerben, um die Systematik zu erhöhen, als ein „Abbild" der Tagung schaffen zu wollen.
- Kommentare, Diskussionen etc., die einen Verlauf, die Entstehung von Erkenntnissen darstellen, sind zumeist nur für die Tagungsbesucher*innen von Interesse. Leser*innen sind zumeist vorrangig an den Erkenntnissen interessiert.

Wie

Einleitungs- oder Schlusskapitel müssen auffangen, was in den Beiträgen nicht geleistet wird (bspw. Querverbindungen herstellen, Leerstellen besetzen, Vergleiche ziehen etc.).

Die Arbeit der Herausgeber*innen ist undankbar: Je besser sie gemacht wird, desto weniger ist sie dem Buch anzumerken. Das Ziel ist größtmögliche Einheitlichkeit und bestmögliche Verflechtung der Beiträge untereinander (s. o.).

Um einen „freundlichen" Ladenpreis kalkulierbar zu machen, sollte der Umfang ebenfalls „freundlich" bleiben. (240 Druckseiten – à 2.500 Anschläge inkl. Leerzeichen im Format A5 – ergeben ein schönes Buch.)

Bei Umfangsvorgaben an die Autor*innen sollten am besten Zeichenmengen (z. B. 50.000 Zeichen inkl. Leerzeichen) oder die Anzahl der Wörter (z. B. für ca. 20 Seiten im Format A5 etwa 8.000 Wörter) vorgegeben werden, um gleich den Umfang in Druckseiten kalkulieren zu können.

Quelle: Eigene Darstellung.

Bewährt hat sich als Veröffentlichung im Anschluss an eine Tagung eine geschickte Publikationspolitik der Herausgeber*innen: Nicht die Tagung bringt eine Dokumentation hervor, sondern es wird ein Buch geplant und parallel eine Tagung veranstaltet. Die Herausgeber*innen wenden sich bereits vor der letztgültigen Tagungsagenda an ihren Verlag und besprechen die Konzeption des geplanten Buches. Das mag ungewohnt klingen, kann aber der Qualität des Buches durch die Erfahrung des Verlages durchaus zuträglich sein und sowohl Arbeit als auch Ärger vermeiden. Einen entsprechenden Leitfaden finden Sie in Übersicht 2.3.

Immer häufiger werden Tagungsdokumentationen als Dateien zum kostenfreien Download ins Internet gestellt. Der redaktionelle Aufwand bleibt dadurch gering, dass die Originaldateien der Autor*innen ohne weitere Bearbeitung oder Qualitätsprüfung versammelt und zugänglich gemacht werden. Einerseits erhöhen diese Arten von Publikationen die Gesamtmenge an Literatur, andererseits ist die Zielgruppe wie oben skizziert zumeist recht klein.

> Um aus einer Tagungsdokumentation ein Buch zu machen, das einen größeren Kreis von Interessierten anspricht, muss das Projekt zumeist schon in der Anlage verändert werden. „Je interessanter (also bunter und vielfältiger) die Tagung, desto unverkäuflicher (weil heterogen und lückenhaft) oft das daraus resultierende Buch" (frei nach Edmund Budrich).

2.3.3 Forschungsarbeiten und -berichte

Im Grunde gilt alles oben Gesagte analog für Forschungsarbeiten und -berichte. Sie sind häufig eine Mischform aus Qualifikationsarbeiten und Tagungsdokumentationen hinsichtlich der Überarbeitungsnotwendigkeit; aber auch im Verkaufspotenzial, das in ihnen steckt. Ein Bericht zu einer zentralen und aktuellen Thematik – wie zum Beispiel die PISA-Studien – kann sogar in Bestsellerverdacht geraten; die meisten Forschungsberichte sind allerdings eher schwach mit Blick auf die Absatzzahlen und kurz in der Lebensdauer.

Forschungsberichte brauchen, wenn sie eine etwas größere Zielgruppe bedienen möchten, eine besondere Bearbeitung mit Blick auf die Lesbarkeit. Die Konzentration auf die Empirie führt häufig dazu, dass in der Vielzahl von Tabellen und Abbildungen der Gegenstand kaum mehr zu erkennen ist. Um das Interesse der Leser*innen zu fesseln, empfiehlt sich eine ausgewogene Darstellung von Grafiken und Tabellen auf der einen, Text auf der anderen Seite. Da viele Zahlen aus den Tabellen im Text wieder aufgegriffen werden, um die Argumentation zu unterstützen, sollten Sie darauf achten, welche Tabellen zentral sind. Vielleicht kann ja die eine oder andere Grafik oder Tabelle in den Anhang oder auch ins Internet.

Wem es gelingt, aus dem Forschungsbericht eine „Geschichte" zu machen, wer die Zahlen dazu bringt, zu „sprechen", der hat viel vollbracht. Leider ist das gleichbedeutend mit viel Arbeit; ohne die Garantie, dass dann aus diesem Bericht eine Monografie zu einer aktuellen und zentralen Thematik geworden wäre, die zum Buchtyp II zu zählen wäre. Ganz entscheidend ist auch hier das Thema. So kann sich bei der Überarbeitung die gleiche Situation ergeben wie oben für Qualifikationsarbeiten beschrieben: Die Überarbeitung ist notwendig, damit der Verlag das Buch überhaupt in sein Programm übernimmt – bessere Konditionen, die sich aus einer besseren Verkäuflichkeit ableiten, sind damit nicht garantiert.

Bevor Sie viel Arbeit in einen Forschungsbericht stecken, überlegen Sie am besten gemeinsam mit Ihrem Verlag, ob sich der Aufwand lohnen kann. Denken Sie gemeinsam über alternative Veröffentlichungsoptionen nach.

2.4 Buchtyp II
Konzipierte Sammelbände und Monografien

Der Buchtyp II unterscheidet sich wenig vom Buchtyp I – abgesehen von den Absatzerwartungen.

Konzipierte, durchdachte Sammelbände sind das, was anstelle von Tagungsbänden entstehen kann. Natürlich können solche Sammelbände auch ohne Veranstaltungen entstehen. Wichtig dafür sind auch hier Leitfäden für die einzelnen Beitragenden, um ein Minimum an Einheitlichkeit zu erzielen. Legen wir die Monografie als Idealtypus zugrunde, dann ist es eine zentrale Aufgabe der Herausgeber*innen, die in der Monografie recht selbstverständliche Einheitlichkeit (wiederum idealtypisch gesprochen) auf den Sammelband zu übertragen. Dies gilt für die Herangehensweise, den Stil, die Gliederung der einzelnen Beiträge und die redaktionell-technische Seite (s. Kap. 10). Außerdem hilft es den Leser*innen, wenn ein integriertes Literaturverzeichnis und – je nach Umfang des Ganzen – ein Index erstellt werden. Je umfangreicher ein Buch, desto wichtiger ist diese Art von Apparat, um den Überblick und gezielte Arbeit zu erleichtern.

Monografien mit aktueller und zentraler Thematik können quasi „gewachsene" Qualifikations- und Forschungsarbeiten sein. Manchmal erwachsen sie aus der weiteren Beschäftigung mit dem Promotions- oder Habilthema, manchmal sind es grundlegendere Diskussionen, die einen Punkt in der Entwicklung wissenschaftlicher Diskurse markieren. Wie auch immer ihr Entstehungszusammenhang: Der Fokus ist generell breiter angelegt als bei Qualifikationsarbeiten, doch die „Lebenserwartung" für diesen Buchtyp ist aufgrund der (relativen) Aktualität der Thematik begrenzt. Für die Verlage bedeutet dies eine „Lebensdauer" – also nennenswerte Verkäufe innerhalb – von maximal zwei Jahren. Danach geht der Absatz gegen null, und die Tendenz der Verlage ist, das Buch einzustampfen, zu makulieren, um die Lagerkosten niedrig zu halten. Durch die Möglichkeit, Bücher digital oder mit Print on Demand feilzuhalten, dürfte die Verfügbarkeit aber generell in die „Unendlichkeit" reichen: Auch wenn Fragen der Langzeitarchivierung digitaler Publikationen noch nicht abschließend geklärt sind, können vergriffene Bücher von den Rechteinhabern als E-Books angeboten werden – nach Ablauf einer bestimmten Zeit vielleicht als kostenfreie Option im Open Access und möglicherweise verknüpft mit einem – kostenpflichtigen – Print-on-Demand-Angebot. Mit dieser Strategie müsste kein Buch mehr als vergriffen gelten, kein Zeitschriftenaufsatz in Vergessenheit geraten.

Wenn hier von der Aktualität einer Thematik die Rede ist, dann geht es nicht um Tagesaktualität – diese abzubilden ist nicht Aufgabe von Wissenschaftsverlagen. Die Aktualität, die hier gemeint ist, bezeichnet immer die Aktualität im wissenschaftlichen Diskurs.

Die Notwendigkeit eines Druckkostenzuschusses ist für Veröffentlichungen dieses Typs abhängig von der Absatzerwartung. Wem allerdings an niedrigen Ladenpreisen oder besonderer Ausstattung gelegen ist, der kommt rasch mit dem Verlag über Geld ins Gespräch.

Manches Mal lässt sich leider erst *ex post* feststellen, dass ein Buch wider Erwarten zu Buchtyp I gehörte. Ein Buch, von dem der Verlag sich recht ordentliche Verkäufe versprochen hat, bewegt sich kaum: Das gehört zum „echten" Risiko des Verlages, hier gibt es Fehleinschätzungen, die den Verlag Geld kosten können.

Für den umgekehrten Fall – Ihr Buch ist erfolgreicher, als ursprünglich erwartet – könnten Sie versuchen, mit dem Verlag ein Honorar auszuhandeln, das erst nach dem Abverkauf einer bestimmten Anzahl von Exemplaren zum Zuge kommt; also mit einer etwaigen 2. Auflage oder nach dem 200. verkauften Exemplar.

Es ist den Versuch wert, wenngleich die Honorare in den Sozial- und Geisteswissenschaften seltener in große Höhen klettern und sich manch ein Verlag darauf auch gar nicht einlassen wird.

> Für gewöhnlich dürfte es für Autor*innen bzw. Herausgeber*innen aufwändiger sein, ein Buch des Buchtyps II zu verfassen als eines des Typs I. In der Regel dürfte sich dieser Aufwand jedoch lohnen: Lesbarere Bücher finden häufig weitere Verbreitung.

2.5 Buchtyp III
Einführungen, Lehrbücher und Handbücher

Etwas so Grundlegendes zu schreiben wie eine Einführung oder ein Lehrbuch, ist eine Aufgabe für jene, die die Meisterschaft erlangt haben. Die Autor*innen müssen das Feld souverän beherrschen, müssen unterscheiden können zwischen Theorien, deren Auslegungen und deren Weiterentwicklungen. Sie müssen den Mainstream kennen und die Diskussionen der Peripherie, um den Lernenden den Weg zu weisen. Dafür ist die Kenntnis der einschlägigen Literatur bis in die Zeit kurz vor Erscheinen eines Buches wichtig. Eine Portion didaktischen Verständnisses ist darüber hinaus wünschenswert. Mit anderen Worten: Eine gute Einführung, ein gutes Lehrbuch zu schreiben ist eine Kunst – und viel Arbeit! Gelingt es, freuen sich alle Beteiligten über die gute Arbeitsgrundlage und die fließenden Tantiemen. Und das über Jahre. Neuauflagen, die für die Autor*innen nicht mehr ganz so viel Arbeitsbelastung mit sich bringen, geben alle zwei, drei Jahre einen neuen Impuls; die Aktualität der Literatur, das Hinzufügen neuer Diskussionsstränge oder das Korrigieren älterer sorgt für konstante Attraktivität. Natürlich ist auch dies nur idealtypisch. Manche Lehrbücher halten sich seit Jahren auch ohne Aktualisierung und mit allen alten Fehlern erfolgreich, weil ihnen keine Konkurrenz gegenübersteht. Manche Neuauflage ist ein einfacher Nachdruck und verdient ob der fehlenden Aktualisierung und Überarbeitung ihren Namen nicht. Und manch ein Lehrbuch hat weniger Erfolg als eine gut geschriebene Doktorarbeit.

Die digitale Wende bringt auch Bewegung in den Anspruch an Lehrbücher. Hochschulen bieten multimediale Unterrichtseinheiten an, virtuelle Seminarräume diskutieren Online-Publikationen. Hochschulen fordern Campuslizenzen für E-Books, damit alle Lehrenden und Studierenden im Intranet der Hochschule unbegrenzten Zugriff auf die Materialien haben. Interaktives Zusatzmaterial zu gedruckten Lehrbüchern in Form von Multiple-Choice-Tests, Foren, kommentierten Linksammlungen oder Living Reviews (einschlägige kommentierte Literaturlisten, die laufend aktualisiert werden) usw. werden nachgefragt und konfrontieren Verlage mit wachsenden Kosten bei sinkenden Einnahmen.

Die Entwicklung auf dem Lehrbuchmarkt war in den letzten Jahren inflationär. Durch die hohe Zahl der neu erschienenen Lehrbücher, die häufig durch Rückbezug auf die Einführung von BA/MA-Studiengängen legitimiert werden, sind die Absätze für den einzelnen Titel zurückgegangen. Was die Digitalisierung im Weiteren bringen wird, ist für die Verlage derzeit eine große, für einige auch existenzielle Frage.

> Ein Lehrbuch zu schreiben ist eine große Herausforderung und nur von ausgewiesenen Fachleuten seriös zu leisten.

Für Handbücher gilt Ähnliches, mit der Einschränkung, dass die Herausgabe eines Handbuchs die undankbarste Arbeit in diesem Bereich überhaupt sein dürfte. Alle Probleme, die eine Herausgeberschaft beinhaltet – Politik in der Auswahl der Beitragenden; Verzögerungen in der Abgabe bei den für das Feld Wichtigsten; Ignorieren sämtlicher Vorgaben unter Verweigerung der Nachbesserung usw. usf. –, finden sich bei der Arbeit an einem Handbuch potenziert. Auf jeden Fall sollten Sie sichergehen, dass Sie ausreichend Ressourcen zur Verfügung haben, bevor Sie sich in eine solche Pflicht begeben! Ist das Handbuch jedoch einmal veröffentlicht, bietet es das zentrale Wissen des behandelten Feldes in konzentrierter und systematisch aufbereiteter Form, lässt es sich vergleichsweise leichter aktualisieren, hie und da etwas hinzufügen oder wegnehmen, um es über Jahre als zentrales Referenzwerk für die Wissenschaft zu erhalten. Der Umfang der notwendigen Arbeiten sichert häufig die Alleinstellung auf dem Markt und damit die jahrelange Erfolgsaussicht.

> Das Verfassen bzw. Herausgeben von Handbüchern ist eine enorme Aufgabe. Ist es einmal fertig, ist es häufig das zentrale Referenzwerk.

Wie gesagt: Verlegers liebste Kinder.

Halten wir fest: Wissenschaftliche Fachbücher lassen sich in unterschiedliche Typen einteilen, die unabhängig von der wissenschaftlichen Qualität der Bücher sind. Diese Typisierung orientiert sich an betriebswirtschaftlichen nicht an wissenschaftlichen Kriterien.

Bei der Einteilung in die unterschiedlichen Buchtypen habe ich immer wieder auf die mögliche Notwendigkeit von Druckkostenzuschüssen hingewiesen, wenn die zu erwartenden Absatzzahlen allein für die Kostendeckung nicht ausreichen. Könnte der Verlag nicht einfach mehr Werbung machen – z. B. Anzeigen in thematisch einschlägigen Fachzeitschriften schalten –, dem Buchhandel sagen, dass das Buch dort im Regal stehen soll, in der Fachpresse und den überregionalen Tageszeitungen für Rezensionen sorgen und das Buch gezielt den Bibliotheken zum Kauf anbieten –, um die Verkaufszahlen in ausreichende Größenordnungen zu bringen?

Lassen Sie uns im nächsten Kapitel diese Gedanken von verschiedenen Seiten beleuchten und den Blick des Verlages auf die Verkäuflichkeit von sozial- und geisteswissenschaftlichen Fachbüchern im Allgemeinen nachvollziehen. Wir schauen auf diese unterschiedlichen Faktoren vor allem in Bezug auf gedruckte Bücher, doch einiges lässt sich sinngemäß auch auf digitale Publikationen übertragen.

3 Verkäuflichkeit – die Verlagsperspektive

Wie oft ein Buch sich verkauft, ist die zentrale Erfolgsmessung für den Verlag und implizit, ein bisschen überspitzt formuliert, die Angabe, wie lange der Verlag noch zu leben hat. Verkaufen sich zu viele Einzeltitel des Verlages mäßig bis schlecht, dürfte die Lebenserwartung des ganzen Unternehmens nicht allzu rosig aussehen – je nachdem, um welche Art von Verlag es sich handelt.

Welche Parameter führen zum erfolgreichen Verkauf einzelner Bücher?

Da wäre zunächst die Werbung. Des Weiteren bekommt das Buch eine spezifische Ausstattung – dazu gehören Format, Einbandart, Papier etc. – und einen Ladenpreis. Zudem gibt es noch den Buchhandel und die Presse. Bei gleicher Interessenlage – sowohl Autor*in als auch Verlag bemühen sich um größtmögliche Verbreitung des jeweiligen Buches – gibt es jedoch Unterschiede in der Herangehensweise an diese Parameter des Verkaufens, die ich in Übersicht 3.1 zusammengestellt habe. Ich möchte Sie bitten, diese Zusammenschau *cum grano salis* zu goutieren.

Lassen Sie uns die einzelnen Faktoren, die hier am Werk sind, nacheinander betrachten.

3.1 Werbung

Für Verlage gibt es einen störenden Umstand im Zusammenhang mit Werbung: Sie ist teuer. Ein weiterer Umstand: Der Erfolg von Werbung ist oft schwer messbar. Und es gibt einen dritten wichtigen Punkt: Die Wissenschaft ist ein begrenzter Markt: Wie viel Werbung der Verlag auch immer betreiben mag, der Absatz hat in der Größe des Marktes seine „natürliche" Begrenzung (von Lucius 2014).

So könnte zum Beispiel ein Verlag der Idee, für ein einzelnes Buch in einem bestimmten Medium eine Anzeige zu schalten, sehr skeptisch ge-

genüberstehen. Doch geht die Zurückhaltung noch über den Tatbestand der hohen Kosten hinaus. Selbst für den unwahrscheinlichen Fall, dass der oder die Autor*in bereit wäre, die Anzeige selbst zu bezahlen, wäre der Verlag nach wie vor zurückhaltend: Einzelne Anzeigen für einzelne Bücher sind in ihrer Wirkung rasch verpufft. Stellen Sie sich vor, Sie sehen in Ihrer Tageszeitung eine große Anzeige für ein Buch über fluviale Geomorphologie – das würde Sie doch allenfalls aufgrund der Exotik des Themas ansprechen, allerdings kaum zum Erwerb dieser Veröffentlichung bewegen.

In der Regel verlassen sich die Werbeabteilungen der wenigen Fachverlage, die mit Anzeigen arbeiten, auf Serien von Anzeigen in einschlägigen Fachzeitschriften. Da werden nicht einzelne Bücher, sondern thematische Gruppen vorgestellt. Und es wird nicht allein in einem einzelnen Heft eine Anzeige geschaltet, sondern in jeder Ausgabe dieser Zeitschrift läuft ein bestimmtes Anzeigenmotiv, Informationen über eine einschlägige thematische Gruppe. Die Zusammensetzung dieser Gruppe kann sich mit dem Erscheinen weiterer Bücher zur gleichen Thematik verändern, die Anzeigen sehen jedoch alle recht ähnlich aus. So ist der Verlag präsent und wird durch die Wiederholung mit seinem Corporate Design wiedererkennbar. Das einzelne Buch tritt dabei ein wenig in den Hintergrund, hat aber durch die Synergieeffekte eine bessere Chance, gesehen zu werden.

Werbung bedeutet für einen wissenschaftlichen Verlag nicht so sehr, einen Bedarf wecken zu wollen. Anders als das neuste Smartphone oder die fünfundzwanzigste Luxusuhr, bringen neue wissenschaftliche Bücher nicht die alten Erkenntnisse in neuer Form – jedenfalls idealtypisch gesprochen –, sondern tatsächlich Neues, Interessantes, fachlich Relevantes. Daraus folgt für die Wissenschaft geradezu die Notwendigkeit, über neue, einschlägige Publikationen informiert zu sein, besser noch: informiert zu werden.

Übersicht 3.1: Herangehensweise an die unterschiedlichen Faktoren und Player bei der Vermarktung von Büchern

Faktor	Player	
	Verlag	Autor*in
Werbung	Kosten-Nutzen-Maximierung für das ganze Verlagsprogramm	Nutzenmaximierung für das eigene Buch
	Glaubwürdige Vermittlung von Informationen an eine „immer gleiche" Kundschaft	Erschließung neuer Märkte ggf. auch mithilfe „reißerischer" Rhetorik – oder mit Zurückhaltung
Ausstattung	Kosten-Nutzen-Maximierung auf der Grundlage von Erfahrungen	Wunsch nach möglichst optimaler Präsentation – zunächst einmal unabhängig von Kosten
Ladenpreis	Kosten-Nutzen-Maximierung – ist der Preis zu hoch, verkauft sich das Buch gar nicht mehr; ist der Preis zu niedrig, müsste mehr als die Auflage verkauft werden, um die Kosten zu decken.	Nicht selten verbreiteter Irrglaube: „Je niedriger der Preis, desto besser verkauft sich das Buch." In manchen Fachbereichen aber auch: „Ist der Ladenpreis zu niedrig, taugt das Buch nichts."
Buchhandel	Der Fachbuchhandel – und zwar nur der Fachbuchhandel – kauft ausschließlich solche Bücher, die über den Fachbuchhandel zu vertreiben sind – also allenfalls Buchtyp III.	Der Wunsch: Wenn das eigene Buch in der Buchhandlung (am besten im Bahnhofsbuchhandel) zu finden ist, dann verkauft es sich dort auch. (Leider ein Irrglaube.)
Presse	Die „große" Presse interessiert sich i. d. R. gar nicht für wissenschaftliche Publikationen; es gibt Ausnahmen und wenige Bücher, die von breiterem Interesse sind. Die Fachpresse rezensiert Einschlägiges. Allerdings führen Rezensionen in der „großen" Presse genauso wie in der Fachpresse nicht zu einer korrelierenden Steigerung der Absatzzahlen.	Die Hoffnung: Wenn das eigene Buch den wichtigen Journalist*innen und den einschlägigen Medien angeboten wird, wird das Buch auch besprochen. Das Medienecho führt zu einer entsprechenden Verkaufskurve. Gelegentlich existiert auch die Vorstellung, der Verlag könne Rezensionen „lancieren".

Quelle: Eigene Darstellung.

37

Leider folgt daraus auch, dass Aktivitäten für ein bestimmtes Buch oder einen bestimmten Themenkreis bei vielen Werken zu einem vorher annähernd berechenbaren maximalen Erfolg führen können und dass Werbung darüber hinaus keine neuen Märkte zu erschließen vermag. Im (sozial- und geistes-)wissenschaftlichen Bereich erweckt Buchwerbung also keine „neuen Begehrlichkeiten" bei zuvor nahezu unerschlossenen Kundenkreisen; Werbung für wissenschaftliche Bücher heißt, die vorher bereits – beinahe namentlich – bekannten „üblichen Verdächtigen" zu informieren. Mit Konzepten zur Körperlichkeit in Bezug auf die Geschlechterfrage in der Medienberichterstattung des Sports beschäftigt sich eine Gruppe von Wissenschaftler*innen, die sich relativ eng eingrenzen lässt. Die Wissenschaftler*innen, die sich Rational-Choice-Ansätzen im Zusammenhang mit soziologischen Wähler*innenprofilen widmen, werden sich eher selten zum Kauf eines Buches mit dieser Körper-Thematik bewegen lassen. Und sei die Werbung noch so gut.

Der Verlag wird meist wiederum mit Blick auf die Kosten nicht bereit sein, für ein einzelnes Buch einen Prospekt herzustellen. Er wird jedoch vermutlich „Waschzettel" für einzelne Bücher produzieren – in der Regel als PDF zum Selbstausdrucken. Ein Waschzettel enthält oft tabellarisch die grundlegendsten Informationen zum Buch: bibliografische Angaben, einen kurzen Informationstext, vielleicht einen Auszug aus dem Inhaltsverzeichnis, einen Slogan, Zitate aus den Medien oder von führenden Fachvertreter*innen, ein Bild des Titels, gegebenenfalls der Autor*innen, Bestellhinweis.

Es gibt auch aus der Wissenschaft heraus Bücher, die sich nicht an den inneren Kreis der Wissenschaft richten, sondern die den Transfer aus der Wissenschaft in eine breitere Öffentlichkeit anstreben. Für diese Bücher können gezielte Werbeaktivitäten einen echten Mehrwert bringen und den Absatz deutlich steigern. Deshalb verhalten sich manche Wissenschaftsverlage mit Blick auf ein Segment ihres Publikationsprogramms fast wie Publikumsverlage: Sie schalten Anzeigen, machen gezielt Werbung für diese Art von Büchern, organisieren Lesungen und ähnliche Veranstaltungen usw. Dies ist nicht typisch für Wissenschaft im engeren Sinne. Sollten Sie mehr über Vermarktungsmöglichkeiten in diesem Zusammenhang wissen wollen, können Sie Ihren Fokus auf den Sachbuchsektor ausbreiten, dem diese Art wissenschaftlicher Sachbücher zuzurechnen sind. Tipps zu diesem Bereich finden Sie zum Beispiel in meinem Buch „Schreib Dich an die Spitze!" (Budrich 2016).

Autor*innen oder Herausgeber*innen können für ihre eigenen Bücher sehr gut werben, ja, in manchen Kontexten sogar besser als der Verlag! Denn niemand sitzt so zentral in den einschlägigen Netzwerken wie die jeweiligen Autor*innen selbst. Der Verlag kann immer wieder auf das Verlagsprogramm hinweisen, kann hie und da Buchhändler*innen und Medien auf besondere „Schätze" aufmerksam machen. Das müssen Titel sein, die berechtigterweise besonders hervorgehoben werden, denn wenn ein Verlag zu häufig den Trommelwirbel zur Ankündigung besonders wichtiger Nachrichten hat ertönen lassen, ohne dass eine wirklich besonders wichtige Nachricht käme, hat er es schwer, sich Gehör zu verschaffen – nach dem Motto: Wer einmal lügt ... Geht es also um Spezifischeres, können die Autor*innen selbst zum einen direkt Werbung machen, indem sie Waschzettel in ihrer Post mitschicken, PDF-Dateien an ihre eMails anhängen, in der eigenen Signatur darauf hinweisen usw. Außerdem haben sie die Möglichkeit, dem Verlag Schlüsselpersonen zu nennen, die über die Veröffentlichung informiert werden sollen: die wichtigsten Akademiker*innen, Rezensent*innen usw. Die Autor*innen wissen zudem genau, wann die einschlägige Sektion, Arbeitsgruppe, Ad-hoc-Gruppe oder Ähnliches tagt, sie werden zu einschlägigen Veranstaltungen geladen und vieles mehr. So werden die Autor*innen zu Überbringern der Botschaft: „Mein Buch ist da! Es interessiert Euch!"

Zur Vorsicht sei jedoch noch einmal gemahnt: Damit werden keine neuen Märkte erschlossen! Damit werden lediglich diejenigen Wissenschaftler*innen angesprochen, von denen bereits vor Drucklegung klar war, dass sie sich für Ihr Buch interessieren. Ihre Mitwirkung bei der Werbung für Ihr Buch – ob Sie sich nun dazu berufen fühlen oder nicht – ist wesentlich. Und vom Verlag mit kalkuliert, im wörtlichen Sinne. Entziehen Sie sich – aus Bescheidenheit, aus Zurückhaltung, oder weil Sie denken, die Vermarktung sei alleinige Aufgabe des Verlages –, dann hat Ihr Buch ungleich schlechtere Chancen, in der großen Menge der Neuerscheinungen gesehen zu werden. Und Sie als Autor*in beschränken dadurch den Radius Ihrer Ideen.

Als Verlegerin möchte ich Ihnen gern zurufen: Seien Sie unbescheiden! Sie sollen nicht versuchen, Ihr Werk als Mogelpackung möglichst vielen Leuten schmackhaft zu machen. Erzählen Sie beim Familienfest oder in der Eckkneipe vielleicht nicht zu intensiv davon. Doch stellen Sie Ihr Licht nicht unter den Scheffel: Es steckt viel Arbeit in Ihrem Werk – und die, von denen Sie wissen, dass sie in diesem Bereich arbeiten, sind interessiert! Erzählen Sie ihnen von Ihrem Buch!

Für Konzernverlage, die sich hauptsächlich auf die Vermarktung großer digitaler Publikationsmassen an Bibliotheken fokussieren, ist Werbung in diesem klassischen Sinne genauso zu vernachlässigen, wie die gesamte Pflege und Betreuung ihrer Autor*innen. Ähnlich wie bei typischen Dissertationsverlagen und anderen Häusern, die allein von Quantität nicht von Qualität zehren, ist es unerheblich, ob das einzelne Buch seinen Weg zur Zielgruppe findet oder nicht. Deshalb ist es nicht verwunderlich, dass die Ladenpreise auf Endkund*innen häufig prohibitiv wirken. Auch werden gelegentlich wahre Mogelpackungen vermarktet: Eine Monografie wird als Lehrbuch betitelt, eine Masterarbeit kommt als „Einführungswerk" daher und ein Sammelband wird zum Handbuch hochstilisiert. Alles gängige Praktiken – selbst ausgestellte Armutszeugnisse für Verlage, die Sie nicht dabei unterstützen, Ihre akademische Reputation zu pflegen.

> Obschon sich der Markt für ein Fachbuch nicht beliebig erweitern lässt, ist es doch unabdingbar, dass die Autor*innen sich mit ihren Netzwerken beim Bekanntmachen des Buches mit engagieren.

3.2 Ausstattung

Die Aufmachung eines Buches – wie die Kleidung eines Menschen – mag die Aufnahme beim Publikum beeinflussen, sowohl positiv wie negativ. Ein sozial- und geisteswissenschaftliches Fachbuch wird vielfach in erster Linie ob seines Inhalts beachtet und nicht in erster Linie wegen seiner Ausstattung.

Allerdings könnte es sein, dass auch ein solches wissenschaftliches Fachbuch weit eher über seinen Titel denn über seine Aufmachung verkauft wird. Fragen Sie sich selbst: Wie recherchieren Sie Ihre Fachliteratur? Über das ansprechende Cover oder über die – ansprechend formulierte – Thematik?

Gehen wir davon aus, dass wissenschaftliche Fachbücher in der Hauptsache über ihren Inhalt, also auch über ihre Titelformulierung gefunden werden, bekommt diese eine stärkere Bedeutung als die Gestaltung des Covers. (Wobei gegen ein schönes Cover durchaus nichts einzuwenden ist.)

Wie findet man eine ansprechende Titelformulierung? Eine einfache Frage, auf die es keine einfache Antwort gibt.

Wichtig ist, dass die Publikation über einschlägige Schlagworte auffindbar ist. Dazu werden Bücher (und Zeitschriftenaufsätze) über sogenannte Metadaten weiter erschlossen, zu denen auch die bibliografischen Angaben gehören. Wenn bereits im Haupttitel klar wird, worum es im Text geht, ist dies von Vorteil. Der Untertitel könnte spezifizieren – entweder fachlich, thematisch, zeitlich oder methodisch. Welches Bild auf dem Umschlag zu sehen ist, interessiert übrigens weder beim Studium von Literaturlisten noch beim Einsatz von Suchmaschinen.

Die wichtigste generelle Rückmeldung, die wir als Verlag über die Jahre von unseren Kolleg*innen aus dem Buchhandel zu unseren Covern bekommen haben, ist, dass die Schrift auf dem Deckel ausreichend groß sein muss, um auch aus ein wenig Entfernung erkannt werden zu können.

Selbstverständlich können Sie Ihr eigenes ästhetisches Empfinden mit in Ihre Verlagsentscheidung einbeziehen: Wenn Ihnen die Einbandgestaltung wichtig ist, können Sie sich über das Aussehen der Verlagspublikationen einen Eindruck darüber verschaffen, wie der jeweilige Verlag auftritt. Sollten Sie ein bestimmtes Motiv für den Umschlag Ihres Buches wünschen, klären Sie frühzeitig mit Ihrem Verlag, welches Mitspracherecht Ihnen eingeräumt wird. Und natürlich muss auch hier die Frage nach den Urheber- und Nutzungsrechten geklärt und darüber hinaus eine druckfähige Vorlage beschafft werden. Die gängigen Downloads aus dem Internet haben mit 72 dpi normalerweise eine zu geringe Auflösung für die Verwendung im Druck.

Die Ausstattung ist bei wissenschaftlichen Fachbüchern nicht in erster Linie kaufentscheidend. Ist die Ausstattung für Sie entscheidend für die Verlagssuche, können Sie sich anhand der bereits erschienenen Titel orientieren.

3.3 Ladenpreis

Wie stark beeinflusst die Höhe des Ladenpreises das Absatzpotenzial eines Buches? Bei Lehrbüchern, Grundlegungen und ähnlichen Publikationen ist mit Blick auf Studierende der Ladenpreis eine empfindliche Größe, jedenfalls in den Geistes-, Sozial- und Erziehungswissenschaften. In anderen Fachbereichen gelten Lehrbücher als notwendige Investition in die berufliche bzw. akademische Zukunft; dort ist man aus diesem Grunde auch nicht allzu empfindlich, was die Preisgestaltung angeht. Hier wird oft angenommen, dass sich die Wertigkeit in einem höheren Preis ausdrückt.

Insgesamt ist die Höhe des Ladenpreises innerhalb gängiger Grenzen bei wenigen Büchern wirklich ausschlaggebend für den Erfolg.

Die „gängigen Grenzen" lassen sich nicht absolut festschreiben. Die Preisgestaltung ist abhängig vom individuellen Buch: Wie umfangreich ist es, welche Ausstattung hat es, welcher Themenkreis wird behandelt, wie sieht die Absatzerwartung aus, gibt es eine Subvention – und abhängig von der Umgebung: Was kosten Bücher dieser Gattung bei welchem Verlag?

In Maßen lassen Verlage bei der Kalkulation von Ladenpreisen mit sich reden. Durch Zuschüsse lässt sich ein Ladenpreis möglicherweise absenken. Letztlich ist für die Verlage eine Autonomie bei der Gestaltung von Ladenpreisen jedoch unerlässlich.

Übrigens: Einige Stiftungen und Institutionen fördern Publikationen nur unter der Bedingung mit einem Druckkostenzuschuss, dass der Ladenpreis dadurch nicht abgesenkt wird. Die Argumentation dahinter: Wenn die Kalkulation für das Buch einen derart niedrigen Ladenpreis erlaubt, dann führt die Förderung, die von einem Druckkostenzuschuss zu einer Ladenpreissubvention wird, zu einer Wettbewerbsverzerrung.

Bei Subventionen durch die öffentliche Hand wird eine Publikation im Open Access – oft auf dem goldenen Weg, also mit Erscheinen – immer wichtiger. Vielfach werden somit keine Druckkostenzuschüsse gewährt, sondern die Article bzw. Book Processing Charges (APCs bzw. BPCs) übernommen. Diese liegen – je nach Fachbereich und Publikationsweg – bei mehreren Hundert bis mehreren Tausend Euro.

Der Ladenpreis kann für einige Zielgruppen (zum Beispiel für Studierende) mit kaufentscheidend sein. Bei vielen Titeln ergibt ein besonders günstiger Ladenpreis jedoch keine neuen Absatzimpulse.

3.4 Buchhandel

Es sind nun alle informiert, die das angemessen ausgestattete, korrekt bepreiste Buch kaufen wollen könnten. Nun ist es nur noch Sache des Verlages, das Buch in den Buchhandel zu bringen, um dann den Verkauf so richtig anzuleiern – könnte man glauben.

Bei Ihrem nächsten Besuch in einer Buchhandlung achten Sie einmal darauf, was im Laden ausgestellt ist. In einer der wenigen noch existierenden wissenschaftlichen Fachbuchhandlungen bzw. Uni-Buchhandlungen werden Sie sehen, welchen Schwerpunkt das dortige Sortiment hat. Und Sie werden feststellen, dass es kein sozial- und geisteswissenschaftlicher Schwerpunkt ist (mit ganz wenigen Ausnahmen im gesamten deutschsprachigen Raum). Sie werden sehen, dass sich Wirtschafts-, Jura-, Medizin- und Titel aus anderen Fachbereichen weitaus zahlreicher und prominenter finden lassen. Vielleicht werden Sie auch feststellen, dass die Ladenpreise dieser Bücher im Großen und Ganzen höher liegen als bei Büchern aus dem geistes- und sozialwissenschaftlichen Segment. Gilt Ihr Besuch einer Buchhandlung mit allgemeinem Sortiment oder einer Bahnhofsbuchhandlung, werden Sie wiederum andere Schwerpunkte ausmachen können. Leider heißen auch diese Schwerpunkte nicht „Soziale Ungleichheit", „Sprachgeschichte" oder „Bildungsforschung".

Der Einfluss der Fachverlage auf das, was in der wissenschaftlichen Buchhandlung zu finden ist, ist recht begrenzt. Für den Buchhandel ist entscheidend, was auf den Leselisten als Pflichtlektüre gekennzeichnet ist. Darüber hinaus gibt es wenige Titel, die den Weg in die Schaufenster schaffen. Unabhängig davon, wie engagiert Verlage und Buchhandel sind: Letztlich sind es Kosten-Nutzen-Erwägungen auf allen Seiten, die verhindern, dass die Großbuchhandlung am Kölner Neumarkt ein ganzes Fenster zur „Geschichte der Politikwissenschaft" macht.

Der größte Teil des Buchhandels kann also für geistes- und sozialwissenschaftliche Fachbücher relativ wenig tun. Kann der Buchhandel Suchenden Auskunft geben und seine Hilfe anbieten – „Das Buch kann ich Ihnen besorgen!" –, dann ist schon viel gewonnen. Der PR-Effekt, den der Buchhandel zum Erfolg eines Fachbuches beitragen kann, ist nicht gering: Gezielte Präsentationen, kenntnisreiche Auswahl und fachlich versierte Betreuung können dem Buchhandel, dem Fach und dem Fachbuch helfen.

Haben Sie eine „eigene" Stamm-Buchhandlung, die Sie frequentieren? Sie könnten Ihren Buchhändler, Ihre Buchhändlerin fragen, ob sie eine Möglichkeit sehen, sich für Ihren Titel zu engagieren. Vielleicht ist es nicht möglich, vielleicht können Sie aber gemeinsam eine Lesung veranstalten (wenn Ihr Thema das erlaubt) oder Sie könnten Studierende und Kolleg*innen gezielt zu dieser Buchhandlung schicken, die zuvor ein paar Exemplare Ihres Buches in Kommission genommen hat. Machen Sie Ihren Verlag auf diese Buchhandlung aufmerksam, wenn Interesse an dieser Art der Kooperation besteht.

Der stationäre Buchhandel hat es in Zeiten der Dominanz des Online-Buchhandels zunehmend schwerer. Doch mit Blick auf das Fachbuch ist der große US-Konzern, der seine Marktmacht rücksichtslos einsetzt und dessen Bestseller-Listen für Autor*innen so wichtig erscheinen, kein Spezialist. Das große Lehrbuch und zentrale Werke sind selbstverständlich zu finden und bestellbar. Doch häufig trifft man auf nicht zuzuordnende Auflagen, Self-Publishing-Bücher von ungeprüfter Qualität und Fake-Verlage, deren Bücher Urheberrechte verletzen, und in denen sich Master- und Bachelor-Arbeiten als „Einführungen" präsentieren.

So gewinnen der Buchhandel und die Bibliothek an Bedeutung – und auch namhafte Verlage, deren Programmarbeit und Qualitätsbewusstsein hohe Güter sind.

> Der wissenschaftliche Fachbuchhandel steht vor allem im sozial- und geisteswissenschaftlichen Bereich vor großen Herausforderungen. Die Verkaufszahlen für einschlägige Fachbücher deutlich nach oben zu treiben – das kann der Buchhandel nicht leisten. Vereinzelt können sich aber Möglichkeiten für gezielte Aktionen und Kooperation eröffnen.

3.5   Presse

„Und, hat auch nichts gebracht, oder?", fragte ein Verlagskollege aus Frankfurt skeptisch, als es uns gelungen war, eine Veröffentlichung in allen, aber wirklich allen denkbaren klassischen Medien – große, überregionale Zeitungen, Zeitschriften, Radio, Fernsehen und Fachpresse – diskutiert zu finden.

In diesem Falle hatte er mit seiner Feststellung nicht recht, aber generell ist es für die (Fach-)Verlagsbranche typisch, dass eine gute Medienrezeption nicht automatisch von überdurchschnittlichen Verkaufszahlen spricht. Zum Glück lässt es sich nicht ausschließen, dass weithin wahrgenommene Titel sich auch verkaufen lassen.

Aus dieser Erfahrung lässt sich jedoch ein Mythos im Zusammenhang mit den Medien entzaubern: Dass nämlich der Erfolg des Buches sich schon einstellen wird, wenn sich die Presse für den Titel interessiert, weil Interviews mit der Autorin zu lesen sind, über Lesungen mit dem Autor berichtet wird, eine überregionale Tageszeitung einen Auszug aus dem Buch abdruckt. Unabhängig von Verkaufszahlen sorgt die Medienresonanz natürlich für einen höheren Bekanntheitsgrad von Autor*in, Buch und Verlag.

Die Annahme, dass die Medien über das Buch berichten, sobald der Verlag der einschlägigen Redaktion oder den Redaktionen ein Exemplar des Bandes kostenlos zur Verfügung stellt, geht leider fehl. Auf diese Art und Weise füllen Verlage die Bücherregale der Pressemenschen – die vielleicht am Ende gar in die Verlegenheit kommen, Bücher dem Altpapier zuführen zu müssen, um Platz zu machen für weitere Veröffentlichungen, die unverlangt eingesandt werden.

Gute Pressearbeit ist für einen Verlag – auch einen Verlag aus den Geistes- und Sozialwissenschaften – wichtig. Schließlich geht es um „Veröffentlichungen" und die Veröffentlichung der frohen Kunde, dass eine weitere Veröffentlichung veröffentlicht wurde. Doch das heißt auch, Rücksicht auf diejenigen zu nehmen, die sich in der Flut der Informationen zurechtfinden müssen und *gut* informiert werden wollen. Knappe, objektive Pressetexte zu den einzelnen Publikationen, vorsortiert nach Themenbereichen, Spezialisierungsgrad bzw. Breite des öffentlichen Interesses, mit der Möglichkeit, sich bei Bedarf kostenlose Rezensionsexemplare zusenden zu lassen und Autor*innen und Herausgeber*innen als potenzielle Interviewpartner*innen anzusprechen – das ist die Aufgabe der Presseabteilungen der Verlage.

Auch hier können die Autor*innen und Herausgeber*innen Hilfestellung leisten, indem sie Rezensent*innen benennen, den Verlag auf eigene Kontakte hinweisen, auf spezifische Fachmedien aufmerksam machen, für Interviews zu Verfügung stehen, die Pressestelle der Hochschule informieren, redaktionelle Beiträge in einschlägigen Medien platzieren etc.

> Rezensionen in Fachzeitschriften sind wichtig, Rezensionen in überregionalen Tages- und Wochenzeitschriften und -zeitungen und anderen breiter rezipierten Medien sind schön. Absatzsteigernd wirken sie jedoch nicht – oder nur in Ausnahmefällen.

3.6 Verkäuflichkeit

Nachdem wir nun die Faktoren und Player kurz angeschaut haben, die den Verkauf von Büchern beeinflussen können, liegt die Vermutung nahe, dass keiner für den Erfolg alleinverantwortlich ist.

Doch haben wir die Buchtypenkunde, die wir in Kapitel 2 kurz diskutiert haben, nicht voll in die PR-Überlegungen dieses Kapitels mit einbezogen. Hie und da lugte sie aus den Argumenten hervor, doch eine klare Klassifikation – „für den Buchtyp I lohnt sich dies und das" – haben wir nicht vorgenommen. Das werden wir auch nicht. Zum einen ist es je nach Verlag sehr unterschiedlich, was für einzelne Bücher an Aktionen angedacht – und auch kalkuliert – wird. Manche Verlage geizen mit Rezensionsexemplaren, da sie Kleinstauflagen drucken – oder gar nicht drucken, sondern allein mit dem E-Book kalkulieren – und so rechnen, dass beinahe jedes Exemplar verkauft werden muss, um kostendeckend zu arbeiten. Bei manchem Verlag – vor allem den Konzernen – wird gar so knapp kalkuliert, dass die Autor*innen keine (gedruckten) Freiexemplare erhalten, sondern nur eine PDF-Datei zum eigenen Gebrauch. Zum anderen sind wir nur knapp auf die behandelte Thematik der jeweiligen Publikation eingegangen, was für den Erfolg jedoch wesentlich ist.

Leider ist es nicht so, dass ein Buch mit einer aktuellen Thematik automatisch ein absatzstarkes Buch wird. Aktualität meint hier im Übrigen – wie schon oben – nicht die Tagesaktualität der Zeitungen oder täglichen

Nachrichten, sondern die wissenschaftliche Aktualität. Das jetzige Augenmerk auf eine Thematik bedeutet auch nicht, dass eine Untersuchung über Heiratsverhalten im 21. Jahrhundert mit einer großen Stichprobe und ausführlichen qualitativen und quantitativen Betrachtungen dazu führen wird, dass alle Heiratswilligen sich dieses Buch kaufen werden. Das Objekt der Untersuchung darf nicht mit der Zielgruppe verwechselt werden. Es geht also um eine Kombination aus Faktoren und Playern. Ein Buch mit einem

1. (wissenschaftlich) aktuellen Thema,
2. von breiterem (wissenschaftlichen) Interesse,
3. angemessen aufbereitet (Zielgruppenorientierung),
4. angemessen ausgestattet
5. mit angemessenem Ladenpreis

wird

6. interessant für die einschlägige Zielgruppe,
7. möglicherweise interessant für den (Fach-)Buchhandel
8. und die (Fach- oder auch breitere) Presse.

Nun, da wir dies wissen, könnten wir als Verlag gezielt losgehen und entsprechend erfolgreiche Titel „in Auftrag geben" – was wir gelegentlich auch tun. In der Wissenschaft läuft es allerdings häufig andersherum: Natürlich gehen Verlage auf Autor*innen zu und bitten sie darum, entsprechende Bücher zu schreiben. Und es gibt Dozent*innen, die selbst einen Bedarf an Lehrtexten decken möchten und deswegen entsprechende Bücher schreiben. Manche dieser Autor*innen schreiben ansprechend, manche sind namhaft, auf manche trifft beides zu.

Doch häufiger ist es so, dass die Bücher quasi zuerst da waren, Manuskripte für Veröffentlichungen der Buchtypen I und II. Auf diese Bücher treffen dann nur einige der Punkte 1 bis 8 zu. Und der Verlag hat nur auf wenige dieser Punkte selbst einen direkten Einfluss.

Übrigens: Für Lehrbücher interessiert sich die breite Presse – Tagespresse, Rundfunk und Fernsehen, Online-Newsseiten – selten. Schließlich zeichnen sich gute Lehrbücher dadurch aus, dass das innovative Element, das ein Buch für die Medien interessant macht, schlicht fehlt.

Lassen Sie uns abschließend festhalten:

Erst eine Kombination von Faktoren führt dazu, dass ein Buch das Potenzial zum (relativen) Verkaufserfolg hat. Eine Erfolgsgarantie gibt es nicht.

4   Publizieren in Zeitschriften

Seit der Exzellenzwahn zusammen mit dem Messwahn und dem Internationalisierungwahn von den Naturwissenschaften auf die Sozial- und Geisteswissenschaften herüberschwappt, sind Zeitschriften – am liebsten gerankte, englischsprachige Zeitschriften, die selbstverständlich mit doppelt-blindem Peer-Review arbeiten, Hort der wissenschaftlichen Literaturlistenzuflucht geworden. (Nein, ich bin kein Fan.)

Ich habe nichts gegen Zeitschriften. Ich habe auch nichts dagegen, Qualität zu bewerten. Und nichts gegen Internationalität. Leider läuft die Übertragung des schon in den Naturwissenschaften umstrittenen Paradigmas auf die Sozial- und Geisteswissenschaften gründlich schief.

Zeitschriften sind und waren für die Naturwissenschaften ein guter Veröffentlichungsort, weil sie schnell kurze Beiträge veröffentlichen. Beides, schnell und kurz, ist für die Sozial- und Geisteswissenschaften weder prägend noch zielführend.

Das Messen von Qualität ist zu begrüßen. Dass allerdings die Häufigkeit der Zitation Aufschluss über die wissenschaftliche Qualität eines Beitrags oder einer Zeitschrift geben könne, ist absurd. Es bedeutet doch lediglich, dass das Zitierte für besonders viele Wissenschaftler*innen relevant ist oder zumindest scheint (von Zitationskartellen einmal ganz abgesehen). Die Masse an Zitationen steht für eine Quantität. Mit Qualität hat das nicht unmittelbar zu tun.

Englisch hat sich als wissenschaftliche *lingua franca* durchgesetzt und ist für viele Bereiche durchaus sinnvoll. Wie sinnvoll es für die Bearbeitung regionaler Problemstellungen ist, wie zentral für national bzw. kulturell geprägte Fragestellungen, sei dahingestellt. Auch hier gilt, dass Wissenschaft durch die Publikation in englischer Sprache weder gut – oder gar besser – noch relevant – oder gar relevanter – wird. Zudem: Schon vor vielen Jahren sagte mein alter Lektorenfreund Steven Kennedy von Palgrave zu mir: „Nichts ist heutzutage einfacher, als auf Englisch zu publizieren. Und nichts ist schwieriger, als wahrlich international rezipiert zu werden."

All dies heißt nicht, dass Fachzeitschriften keine geeigneten Publikationsorte sind. Deshalb erläutere ich im Folgenden das Vorgehen. Behalten Sie wie immer beim Publizieren Ihre Ziele im Blick.

4.1 Die Auswahl der Zeitschrift

Die richtige Zeitschrift finden Sie ähnlich wie den richtigen Verlag: Recherchieren Sie zunächst in Ihren eigenen Unterlagen. Dort finden Sie eine ganze Reihe einschlägiger Medien. Sollten Sie mit dieser Ausbeute noch nicht zufrieden sein, können Sie weiter recherchieren: Welches sind die zentralen Publikationsorgane in Ihrem Fachbereich, welche in Ihrem Spezialgebiet?

Behalten Sie bei der Auswahl Ihres Wunschmediums Ihre Interessen im Blick. Geht es Ihnen in erster Linie darum, Ihre Reputation auf Fachebene auszubauen? Oder liegt Ihr Schwerpunkt darin, die Ergebnisse Ihrer Arbeit den an Ihrer ganz speziellen Thematik Interessierten mitzuteilen? Oder wollen Sie eine Transferleistung erbringen, Ihre fachwissenschaftlichen Ergebnisse einem breiteren Kreis von Interessierten zugänglich machen? Allein für diese drei Anliegen gibt es ganz unterschiedliche Medien. Die Auswahl Ihres Wunschmediums liegt bei Ihnen.

Sie können Ihr Thema durchaus auch bei unterschiedlichen Zeitschriften unterbringen. Dabei würde ich Ihnen empfehlen, Zeitschriften mit unterschiedlichen Zielgruppen auszuwählen – und selbstverständlich müssen Sie Ihr Manuskript jeweils überarbeiten, um es bestmöglich für die jeweilige Zielgruppe zuzuschneiden und um Selbstplagiat zu vermeiden. Zudem ist es für Ihre Kolleg*innen sehr ärgerlich, wenn sie aus Ihrer Feder das immer Gleiche zu lesen bekommen.

Von einem Teilnehmer meiner Workshops bekam ich den Hinweis, dass er genau dies von seinem Professor gelernt habe: Den gleichen Aufsatz mindestens zweimal, besser öfters zu publizieren. „Erst nach dem zweiten, dritten Mal wird der Beitrag rezipiert. Vorher bemerken die Leute nichts", behauptete er. Abgesehen davon, dass ich dies für nicht reputationsförderlich halte, ist es urheberrechtlich problematisch: Sollten Sie einen Vertrag unterschrieben haben, sind Sie an diesen gebunden und dürfen Ihren Beitrag nicht beliebig oft überall publizieren. Selbst wenn Sie keinen Vertrag unterschrieben haben, gehört der Beitrag für zwölf

Monate dem Medium, bei dem Sie veröffentlicht haben. Erst danach fallen die Rechte an der sogenannten *author's version* – ihrer letzten Manuskriptfassung – an Sie zurück. Und natürlich gehört es zum sauberen wissenschaftlichen Arbeiten, exakt zu zitieren – auch sich selbst; Sie geben also jeweils die Quelle der Erstpublikation an, wenn Sie zu einem späteren Zeitpunkt auf ein bestimmtes Manuskript zurückgreifen.

Sind die Zielgruppen hingegen unterschiedlich – zum Beispiel präsentieren Sie Ihr Thema einmal aus der reinen Forschungsperspektive, beim anderen Mal mit einem Fokus auf die Methode, beim dritten Mal schließlich wenden Sie sich an die Praxis –, müssen Sie bei Wortlaut- und Sinnzitaten die Quelle der Erstpublikation angeben, aber Sie sind auf der sicheren Seite, sowohl mit Blick auf die rechtlichen Fragen wie auch mit Blick auf Ihre Reputation. Statt sich hier also selbst durch das immer Gleiche zu schaden, bauen Sie einen thematischen Schwerpunkt auf und aus.

Was in den Naturwissenschaften bei der Auswahl des geeigneten Publikationspartners gilt, gewinnt in den Sozial- und Geisteswissenschaften mehr und mehr an Bedeutung. Damit Sie mitreden können, wenn es um die quantitative Bewertung wissenschaftlicher Qualität geht, stelle ich Ihnen im Folgenden die beiden wichtigen Faktoren vor: den Journal Impact Factor und den Hirsch-Index.

Exkurs: Der Journal Impact Factor (JIF) und der Hirsch-Index

Der Journal Impact Factor (JIF)

Der Journal Impact Factor (JIF) bezieht sich auf die quantitative Bedeutsamkeit einer Fachzeitschrift. Je höher der Faktor, so die These, desto qualitativ hochwertiger die Zeitschrift.

Der JIF wird von Thomson Reuters errechnet. In ihn fließen die Zitationszählungen von Zeitschriften ein, die dieser US-Großkonzern in seiner Datenbank Journal Citation Reports (JCR) führt und auswerten lässt. Die Auswahl der Fachzeitschriften hat einen ausgeprägten englischsprachigen Schwerpunkt – weshalb der JIF für englischsprachige Zeitschriften zumeist günstiger ausfällt, da englischsprachige Aufsätze schwerpunktmäßig englischsprachige Quellen verwenden, wodurch die Zitationswahrscheinlichkeit im Vergleich zu anderen Sprachen steigt.

Der JIF misst die Anzahl von Zitationen in einem Zeitraum von zwei Jahren im Verhältnis zur Anzahl der publizierten Artikel. Der Zeitraum von zwei Jahren ist für die Sozial- und Geisteswissenschaften, in denen tendenziell eher langsamer und seltener publiziert wird, nicht unproblematisch. Zudem erscheint die Auswahl der auszuwertenden Zeitschriften eher willkürlich.

Der freiberufliche Wissenschaftsberater Ulrich Herb (2012a) kommentiert die Abstrusitäten, die sich aus dem JIF ergeben:

> „Der Fetisch um den JIF führt, so Alfred Kieser (2010), zur Tonnenideologie der Forschung, die oft einzig auf die Generierung einer möglichst hohen Zahl an Zitationen zielt und dem planwirtschaftlerischen Irrglauben erliegt eine hohe Quantität an Zitation beweise eine hohe Leistungsfähigkeit. Dieser Trugschluss führt zu grotesken Strategien, teils werben Fachbereiche und Hochschulen vielzitierte Wissenschaftler an, um kurzfristig bessere Rankingpositionen oder Evaluierungsergebnisse zu erreichen. Journalherausgeber und Verlage finden auch Gefallen am Frisieren des leicht manipulierbaren JIF, es kursieren wahre Anleitungen mit erstaunlich einfachen Tricks dazu. Da Reviews im Zähler der JIF-Division berücksichtigt werden, nicht aber im Nenner, führt z. B. eine Erhöhung der Anzahl an Reviews unweigerlich zu einem höheren JIF, immer wieder werden Autoren auch dazu angehalten, die publizierende Fachzeitschrift zu zitieren (Herb 2012b), in manchen Fällen werden sie dafür sogar mit Jahresabos der Zeitschrift belohnt."

Der Hirsch-Index

Was der JIF für die einzelne Zeitschrift ist, ist der Hirsch-Index (h) für die einzelne Wissenschaftlerin, den einzelnen Wissenschaftler. Vom Hirsch-Index wird behauptet, er messe den Einfluss, den deinzelne Wissenschaftler*innen auf dem eigenen spezifischen Fachgebiet haben. Dazu wird die Anzahl der Zitationen (zumeist in Zeitschriften) in Relation zur Anzahl der eigenen Veröffentlichungen gemessen.

Übersicht 4.1: Der Hirsch-Index

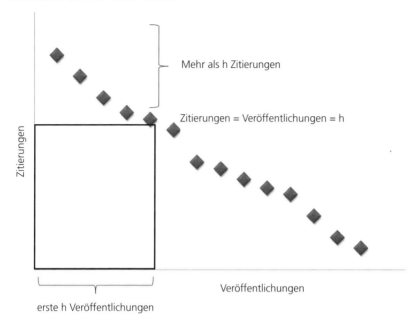

Quelle: Eigene Darstellung

Ein Autor bzw. eine Autorin hat einen Index h, wenn h von seinen bzw. ihren insgesamt N Veröffentlichungen mindestens jeweils h Zitierungen haben und die anderen (N-h) Publikationen weniger als h Zitierungen. *Ein Autor oder eine Autorin hat demnach einen h-Index von 8, wenn er acht Aufsätze veröffentlicht hat, die jeweils mindestens achtmal zitiert worden sind.*

Soviel zur Quantifizierung wissenschaftlicher Qualität.[1]

4.2 Vom Einreichen bis zur Annahme

In der Regel geben die Redaktionen vor, welchen formalen und inhaltlichen Kriterien ein Aufsatz genügen muss und an wen das Manuskript zu senden ist. Die Kürze eines Zeitschriftenaufsatzes sollte die Autor*innen

---

1 Lesenswert dazu – und zu anderen Aspekten wissenschaftlichen Publizierens – Michael Hagner „Zur Sache des Buches".

dahingehend disziplinieren, ihr Material besonders zu fokussieren und zu strukturieren. Weglassen ist hier ganz zentral.

Redaktionen ausgewiesener Fachzeitschriften arbeiten zumeist mit Peer-Review: Kolleg*innen prüfen die einzelnen Manuskripte und entscheiden über deren Publikationswürdigkeit und den jeweiligen Überarbeitungsbedarf. Dabei spielt es keine Rolle, ob es sich um gedruckte oder digitale Zeitschriften handelt. Auch ist die Unterscheidung zwischen kostenlosen (Open Access) oder kostenpflichtigen Medien mit Blick auf die Qualitätssicherung grundsätzlich zweitrangig.

Manche Redaktionen erbitten für die erste Runde der – zumeist redaktionellen – Begutachtung kein vollständiges Manuskript, sondern eine kurze Zusammenfassung, ein Abstract. Ein Abstract zeichnet sich dadurch aus, dass es in sehr knapper Form und ohne jeden Spannungsaufbau den Gegenstand beschreibt, den der ausgearbeitete Beitrag umfassender abhandelt. Swales und Feak (2000) haben das CARS-Modell entwickelt (vgl. Übersicht 4.2), das die Anforderungen an ein Abstract darstellt.

Übersicht 4.2: CARS-Modell (Creating a Research Space) von Swales & Feak 2000

Funktionen/ Schritte	Umsetzung
Einen Forschungs- bereich etablieren	Zentralität/Relevanz behaupten und/oder eigene Forschung in der Forschungslandschaft lokalisieren und/oder bisherige Forschungen/Forschungsergebnisse erwähnen
Eine Nische etablieren	Einwände vorwegnehmen und/oder Forschungslücke aufzeigen und/oder Fragen aufwerfen und/oder an eine Tradition anschließen
Eine Nische besetzen	Den Zweck oder die Art der eigenen Arbeit benennen und/oder Forschungsfragen und Hypothesen anführen und/oder die wichtigsten Ergebnisse ankündigen und/oder die Relevanz der eigenen Forschung einschätzen und/oder die Struktur des Textes ankündigen

Quelle: Swales/Feak 2000.

Beachten Sie bei der Kontaktaufnahme zur Redaktion deren Vorgaben. Allein das kann Ihnen schon einen kleinen Vorsprung verschaffen: Sie ahnen gar nicht, wie viele Leute sich nicht um die formalen Vorgaben scheren, was für die Redaktion einen großen Mehraufwand bedeutet.

Es gibt drei grundsätzliche Möglichkeiten, wie eine Redaktion auf Ihre Einreichung antwortet:

1. Annahme ohne weitere Auflagen;
2. Annahme mit Überarbeitungsauflagen;
3. Ablehnung.

Beachten Sie die Rückmeldungen der Redaktion und nehmen Sie die Überarbeitungsanregungen ernst. Sollten Sie im ersten Anlauf eine Absage erhalten, können Sie versuchen, die Gründe dafür zu eruieren. Besprechen Sie sich mit Dritten (insbesondere für den Fall, dass Sie den Eindruck haben, die Kritik sei nicht gerechtfertigt) und überlegen Sie, ob eine entsprechende Überarbeitung für Sie infrage kommt. Diskussionen mit der Redaktion darüber, dass die Einschätzungen zu Ihrem Aufsatz auseinander gehen, sind zumeist nicht angezeigt.

Bieten Sie Ihren Beitrag nicht zwei Zeitschriftenredaktionen zeitgleich an: Die Redaktionen investieren sehr viel Zeit in die Begutachtung. Wenn Sie sich während des Begutachtungsprozesses für eine andere Zeitschrift entschieden haben, ist diese Arbeit komplett vergebens. Dafür haben die Redaktionen kein Verständnis. Sollten Sie – aus welchem Grund auch immer – in eine solche Situation kommen, benachrichtigen Sie die betroffene Redaktion schnellstmöglich!

5   Open-Access-Publikationen

Open Access ist der für alle freie und kostenlose Zugang zu Daten – seien es Forschungsdaten oder wissenschaftliche Texte. Auf meinem Blog äußere ich mich kritisch zum Thema – blog.budrich.de –, und hier möchte ich nur auf die praktischen Aspekte eingehen, nicht auf politische oder ideologische.

Open Access impliziert zudem eine Qualitätssicherung, hauptsächlich durch Peer-Review.

5.1   Arten und Standards

Es wird zwischen unterschiedlichen Arten von Open Access unterschieden: Während der sogenannte „Goldene Weg" in den Open Access bedeutet, dass eine Publikation unmittelbar Open Access veröffentlicht wird, bezeichnet man eine verzögerte, also Zweitveröffentlichung im Open Access als „Grünen Weg". Wobei mit „Grün" noch keine Aussage über die Dauer des Zeitversatzes getroffen wurde.

In den Naturwissenschaften, die zurzeit das Denken der Wissenschaftspolitik beherrschen, ist für eine „Grüne OA-Publikation" eine Verzögerung von sechs bis zwölf Monaten vorgesehen. Typischerweise sind die präsentierten Forschungsergebnisse nach Ablauf dieser Zeitspanne bereits „älter". In den Sozial- und Geisteswissenschaften entwickeln sich Wissen und Erkenntnisse in anderen Zyklen. Ein Zwang zur OA-Zweitveröffentlichung nach einer so kurzen Zeit, wie manche Institutionen es derzeit ihren Mitarbeiter*innen auferlegen, zerstört die oben erläuterte Verlagskalkulation. Hier müssen Verlage durchaus höhere Gebühren verlangen, um ihre wirtschaftliche Existenz zu sichern.

Zusätzlich zu diesen beiden OA-Formen gibt es weitere Spielarten. Hier sei nur noch auf hybride Formen hingewiesen, bei denen ein Teil der Publikation Open Access zugänglich ist, andere Teile hinter einer Paywall – also einer Bezahlschranke – erhältlich sind.

Wie jede andere digitale Publikation sollte auch eine OA-Publikation einen DOI (Digital Object Identifier) oder – von Bibliotheken häufig verwendet – URN erhalten. Damit ist Ihre Publikation eindeutig auffindbar. Es gibt einige OA-Plattformen und Repositorien, die sich aktuell als Standards zu etablieren versuchen. Darunter zum Beispiel

- OAPEN (oapen.org) als Verzeichnis wissenschaftlicher Bücher vor allem aus dem Bereich der Sozial- und Geisteswissenschaften;
- DOAJ (doaj.org) als Verzeichnis wissenschaftlicher OA-Journals;
- JURN (jurn.org) als Verzeichnis vor allem kultur- und sozialwissenschaftlicher Zeitschriften.

Da auch hier alles im Fluss ist, schauen Sie am besten selbst auf der Open-Access-Informationsplattform open-access.net, wie der Stand der Dinge in Ihrem spezifischen Bereich ist.

Übrigens werden wir im deutschsprachigen Raum von internationalen Wissenschaftler*innen um unsere fachlich orientierten Repositorien beneidet: Während sich vielfach einzelne Hochschulen darum bemühen, ein möglichst vollständiges Verzeichnis an Publikationen der eigenen Mitarbeiter*innen aufzubauen, bemühen sich die Fachrepositorien um eine orts- und institutionenunabhängige, rein fachspezifische Sammlung.

Die Standards für OA-Publikationen sind weiterhin in Bewegung. Zwar hat der Nationale Open-Access-Kontaktpunkt in Bielefeld (NOAK (oa-2020-de.org) mit einigen wenigen weiteren Playern einen ersten Aufschlag in Richtung auf Standardisierung von Kriterien unternommen. Allerdings können viele dieser Kriterien von den meisten Playern bislang nicht erfüllt werden, sodass auch hier das letzte Wort nicht gesprochen ist.

5.2 Creative Commons

Für OA-Publikationen kommt nicht das reguläre Urheberrecht zur Anwendung. Im Gegenteil: OA-Publikationen sollen ja gerade leicht verbreitet, geteilt, verarbeitet und weiterentwickelt werden können – das ist genau der gewünschte Effekt des Publizierens im OA. Das konventionelle Urheberrecht steht dieser ganz großen Freiheit im Wege und wird deshalb durch eine Creative-Commons-Lizenz ersetzt.

Die Creative Commons (creativecommons.org) sind eine Not-for-Profit-Organisation, die es sich zur Aufgabe gemacht hat, die freie und kostenlose Verbreitung bzw. Nutzung von Daten im gesamten Internet zu ermöglichen.[2]

Es gibt unterschiedliche Creative-Commons-Lizenzen, die sich für wissenschaftliche Publikationen eignen. Am häufigsten gewünscht wird von den einschlägigen Institutionen die CC-BY-Lizenz: Der Name des Autors, der Autorin ist zu nennen, wenn die OA-Publikation zitiert bzw. weiterverwendet wird. Dies gehört in der Wissenschaft ohnehin zum sauberen Arbeiten, sodass diese Lizenz die größten Freiheiten lässt.

Ebenfalls gern verwendet werden zudem die Kürzel NC bzw. ND. NC steht für Non-Commercial, also die nicht kommerzielle Weiterverwendung der Daten bzw. Dateien. Auch wenn dies leicht zu erfüllen scheint, solange man nicht versucht ist, die Texte zu verkaufen, impliziert NC jedoch eine vollständig nicht kommerzielle Nutzung. Sprich: Werden auf der Webseite bezahlte Anzeigen geschaltet oder anderweitig „Kommerz" betrieben, ist die Umgebung nicht länger „NC". Da bislang (Stand Juni 2019) keine Einigkeit über die Auslegung von NC besteht, kann das für deutsche Gewohnheiten unschöne „SA" verwendet werden. SA steht in diesem Zusammenhang für „Same Applies", was bedeutet, dass die Daten oder Dateien nur unter gleichen Bedingungen – also zum Beispiel kostenlos – weitergegeben werden dürfen.

Das von mir oben angesprochen ND steht für „No Derivatives". Die Daten oder Dateien dürfen also nicht in abgewandelter Form weiterverarbeitet werden. Auch hier gibt es teils Auslegungsschwierigkeiten. Zum Beispiel wird gelegentlich vertreten, dass ND auch bedeutet, dass keine Auszüge aus Originaltexten verwendet werden dürfen. So wäre es nicht zulässig, einen einzelnen Beitrag aus einem Sammelband herauszulösen, wenn der Sammelband als Ganzes mit einer CC-BY-ND-Lizenz versehen wäre.

Ich möchte Sie nicht verwirren. Lassen Sie sich von Ihrem Verlag oder Ihrer Bibliothek beraten, unter welcher Lizenz Ihr Werk OA gestellt wer-

---

2 Zu den Sponsoren gehört z. B. die Nature Publishing Group (heute Nature Research; Stand der Informationen: 2.5.2019). Dieser Verlag gehört seit 2015 zu Springer, einer jener Verlagskonzerne, die aus Open-Access-Publikationen ein lukratives Geschäftsmodell entwickelt haben (mehr dazu auf blog.budrich.de unter dem Schlagwort „DEAL").

den sollte: Das System ist im Fluss und sicherlich werden auch die hier aufgeworfenen Fragen in absehbarer Zeit beantwortet.

Und selbstverständlich können Sie selbst auf der Creative-Commons-Seite nachlesen, wie die Dinge sich entwickeln.

5.3 Kosten

Als Open Access die ersten Schritte unternahm, konnte der Eindruck entstehen, dies sei ein Ruf nach „Freibier für alle!". Mittlerweile hat sich dies stark relativiert und die einschlägigen Player haben Wege gefunden, im Bereich des wissenschaftlichen Publizierens viel Geld mit OA-Publikationen zu erwirtschaften. Zurzeit sind neun der zehn größten OA-Anbieter kommerziell.

Für Sie als Autor*in bedeutet dies, dass Sie mit Article Processing Charges bzw. Book Processing Charges zu rechnen haben, wenn Sie Ihren Zeitschriftenaufsatz bzw. Ihr Buch im Open Access veröffentlichen möchten.

An vielen Hochschulen und anderen wissenschaftlichen Einrichtungen stehen Fonds zur Verfügung, um OA-Publikationen zu finanzieren. Bei BMBF- oder DFG-geförderten Forschungsprojekten wie auch bei vielen weiteren Förderern ist es aktuell unbedingt erforderlich, die entsprechenden OA-Gebühren direkt mit zu beantragen. Prüfen Sie, ob Goldener Open Access gefordert wird – dies wird mehr und mehr zur gängigen Praxis.

6 Besonderheiten der Dissertationspublikation

In deutschsprachigen Ländern gilt die Publikationspflicht für Dissertationen. Mittlerweile gibt es auch in den Sozial- und Geisteswissenschaften die Möglichkeit, kumuliert zu promovieren. Eine Reihe von Beitragspublikationen ersetzt die früher vorgeschriebene wissenschaftliche Monografie. Die Regeln sind in den jeweiligen Promotionsordnungen festgeschrieben und unterscheiden sich je nach Fachbereich und Hochschule. Bevor Sie sich also darauf fokussieren, klären Sie, ob diese Art der Promotion in Ihrem Falle überhaupt möglich ist und wie genau die Rahmenbedingungen dafür aussehen.

Was die Publikation einzelner Beiträge angeht, gehen Sie mit Ihren einzelnen Aufsätzen um, wie im vorherigen Kapitel beschrieben.

Die Dissertation als Monografie unterscheidet sich deutlich von anderen Forschungsmonografien. Der Grund liegt auf der Hand: Die Dissertation ist eine Qualifikationsarbeit und verlangt eine bestimmte Gliederung sowie eine spezifische Herangehensweise. Im Ergebnis entsteht ein Text, mit dem Sie nachweisen, dass Sie Ihr wissenschaftliches Handwerk beherrschen. Im Normalfall folgt der Einleitung ein recht ausführliches Kapitel 2, in dem Sie Ihr Vorgehen methodisch ausführlich erläutern bzw. einen Literaturbericht anfertigen, in dem Sie im Detail nachvollziehen, wer bis dato in diesem Bereich was veröffentlicht hat. Allein dieses „Kapitel 2" – auch wenn es in Ihrer Dissertation eine andere Ordnungszahl haben mag – entlarvt Ihr Manuskript als Dissertation. Hinzu kommt, dass das Kapitel mit dem Ergebnis in der Regel eher knapp ausfällt, zumindest im Vergleich zu den übrigen Kapiteln. Diese Merkmale zusammen mit dem akribischen Belegen jeder Ihrer Aussagen sind typisch für eine Dissertation. Warum ich das sage? Weil es immer wieder Versuche gibt, einem Verlag eine Dissertation als „normales Forschungsmanuskript" anzubieten. In der Hoffnung, dass sich dadurch bessere Konditionen für die Veröffentlichung ergeben mögen. Ganz selten ist eine Dissertation keine

„typische" Dissertation und hat größere Absatzchancen. Für gewöhnlich liegen die Absatzchancen eher im niedrigen Bereich, was dazu führt, dass Druckkostenzuschüsse notwendig sind, wenn Sie Ihre Arbeit in einem wissenschaftlichen Fachverlag veröffentlicht sehen wollen.

Müssen Sie Ihre Dissertation in einem wissenschaftlichen Fachverlag veröffentlichen? Welche Alternativen gibt es?

Die Publikationspflicht sagt nichts darüber aus, wo und in welcher Form Sie zu publizieren haben. Sie haben also die Wahl, ob Sie schlicht einen Stapel im Copyshop hergestellter Exemplare abliefern, die PDF-Datei Ihrer Bibliothek zur Publikation auf dem Hochschulrepositorium übergeben oder sich an einen Verlag wenden.

Die unterschiedlichen Varianten haben unterschiedliche Begleiterscheinungen. Eine Copyshop-Publikation ist eine sehr preiswerte Variante, es geht schnell und bringt Ihnen keinerlei wissenschaftliche Reputation. Die Veröffentlichung der PDF-Datei über das Hochschulrepositorium macht Ihre Arbeit als Datei auffindbar, es ist kostenlos, geht meist schnell und bringt Ihnen keinerlei Reputation. Eine Veröffentlichung in einem der Dissertationsverlage, die schon seit Ihrer Bachelorarbeit hinter Ihnen her sind wie der Teufel hinter der armen Seele, kostet Sie ein wenig Geld, bringt Ihnen – zumeist – ein gebundenes Buch und – in den meisten Fällen – keinerlei Reputation. Erst die Veröffentlichung in einem wissenschaftlichen Fachverlag mit einem einschlägigen Programm bringt Ihnen Reputation – dafür ist dieses Vorgehen arbeitsintensiver und es kostet Geld. Es gibt Möglichkeiten, die Veröffentlichung Ihrer Dissertation von Dritten fördern zu lassen – darauf gehen wir im nächsten Kapitel ein.

Die Notwendigkeit von Druckkostenzuschüssen bei der Publikation Ihrer Arbeit in einem echten wissenschaftlichen Fachverlag ergibt sich aus der oben skizzierten Kalkulation. Konnten Verlage vor Jahren noch erwarten, mehrere hundert Exemplare solcher Veröffentlichungen zu verkaufen, sind die Absatzzahlen dramatisch gefallen. Mehr als 150 Exemplare werden selten produziert, wenn diese komplett abverkauft werden, sprechen wir bereits von einem Erfolg. Manch eine Dissertation kommt über zweistellige Absatzzahlen nicht hinaus. Selbst wenn diese Arbeiten in elektronischen Paketen an Bibliotheken mitverkauft werden, ist die Rezeption dadurch kaum höher – auch wenn Großkonzerne zum Teil mit abenteuerlichen Zugriffsraten aufwarten. Betrachten Sie diese mit dem berühmten Quäntchen Salz.

Viele Dissertationsverlage, die keine Programmpflege betreiben, was zunehmend auch bei Konzernverlagen zu beobachten ist, veröffentlichen die digitale Variante kostenlos und lassen sich dann lediglich das Drucken von Exemplaren bezahlen. Es gibt keine Freiexemplare, auch etwaige Dissertationspflichtexemplare müssen bezahlt werden. Das einträgliche Geschäft liegt bei den Großverlagen, wie oben bereits ausgeführt, darin, dass sie den Bibliotheken Pakete mit einer Vielzahl an Veröffentlichungen verkaufen. Dabei zählt für den Preis lediglich die Masse an Publikationen. Die Bibliotheken kaufen die Pakete aufgrund von sehr wenigen wirklich wichtigen Titeln, die in dem jeweiligen Paket enthalten sind und zahlen für die Dissertationen, teils sogar für Masterarbeiten, die die Zahl der enthaltenen Titel pro Paket – und damit den Preis – in die Höhe treiben. Die Konzernverlage weisen unter anderem durch dieses Geschäftsgebaren Gewinne von 40% und mehr aus – in einer Branche, die mit 5% bis 10% Marge rechnet – und plündern die Bibliotheksetats.

Mit dieser auf Masse ausgerichteten Publikationspraxis entwerten die Großverlage ihre wissenschaftlichen Programme: Quantität um jeden Preis geht auf Qualität. Die Qualität eines Verlagsprogramms ist jedoch der wichtigste Einflussfaktor für die zentrale Währung bei wissenschaftlichen Publikationen: Reputation.

Wenn Sie in der Wissenschaft bleiben wollen, dann ist die wissenschaftliche Reputation, die Sie mit dem Veröffentlichen Ihrer Projekte gewinnen, Ihr zentrales Motiv. Sie sollten also darauf achten, dass Sie in einem wissenschaftlichen Fachverlag veröffentlichen, dessen Programm sowohl thematisch als auch vom Publikationstyp zu Ihrer Arbeit passt.

Exkurs: Von der Verlagssuche bis zur Dissertationspublikation

In meinen Workshops und Coachings werde ich sehr häufig dazu befragt, wie der Prozess von der Verlagssuche bis zur Publikation der Dissertation ganz praktisch von statten geht. Auf die Gefahr hin, Abläufe doppelt zu beschreiben, stelle ich in diesem Exkurs das für die Dissertationspublikation im Bereich der Sozial- und Geisteswissenschaften typische Vorgehen vor. Lassen Sie mich betonen, dass es sich hier um das Vorgehen handelt, das für Sie von Belang ist, wenn Sie in der Wissenschaft bleiben und monografisch publizieren wollen. Spielt Ihre wissenschaftliche Reputation für Sie eine untergeordnete Rolle – weil Sie in die Wirtschaft gehen wollen oder sich anderen Feldern zuwenden möchten –, dann können Sie Ihren Publikationspartner anhand anderer Kriterien auswählen – Kosten, Tempo, Aufwand, Schönheit … Das skizzierte Vorgehen fokussiert in erster Linie auf Reputation.

1. Verlagswahl

Wenn Sie das Literaturverzeichnis Ihrer Arbeit prüfen, werden Sie feststellen, dass bestimmte Verlagsnamen häufig auftauchen. Im Zweifel sind das die Häuser, die thematisch für Ihre Dissertation infrage kommen.

Schauen Sie, welche dieser Verlage Sie bereits mit Aufforderungen, Ihre Dissertation bei ihnen zu publizieren, überschüttet haben: Diese Verlage können Sie in der Regel als wenig reputationsfördernde Dissertationsverlage aussortieren.

Wählen Sie zwei bis drei Verlage aus, deren Namen Ihnen geläufig sind und mit denen Sie sich ganz unvoreingenommen eine Zusammenarbeit vorstellen könnten.

Nun prüfen Sie, ob die von Ihnen ausgewählten Verlage gute wissenschaftliche Fachverlage sind. Die Kriterien dafür sind:

1. das Verlagsprogramm,
2. Qualitätsstandards,
3. Lektorat,
4. Pressearbeit und
5. Präsenz auf Fachkongressen.

Im nächsten Schritt schauen Sie sich die Verlagsprogramme an: Drängt sich Ihnen der Eindruck auf, der Verlag veröffentlicht alles, was ihm in die Quere kommt? Oder erkennen Sie Programmstrukturen, die Ihr Fach in Breite und Tiefe abbilden?

Übersicht 6.1: Was macht einen guten Fachverlag aus?

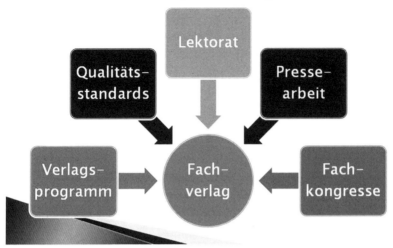

Quelle: Eigene Darstellung.

Sie wollen herausfinden, ob der Verlag „alles nimmt, was fliegt", oder ob bewusst und strategisch „Programm gemacht" wird. Ein Verlag, der sein Programm nicht aktiv gestaltet, ist i. d. R. Ihrer Reputation weniger förderlich, als ein Verlag, der sorgfältig auswählt.

Haben Sie den Eindruck, dass im Programm Wert auf Qualität gelegt wird? Finden Sie auf den Webseiten bereits erste Informationen darüber, wie der Verlag seine Publikationsentscheidungen trifft?

Sie suchen nun konkret nach Hinweisen von Qualitätskontrolle. Wenn Sie bei einem der Verlage anrufen und ein Veröffentlichungsangebot bekommen, sobald Sie den Titel Ihrer Arbeit genannt haben, können Sie mit Blick auf Qualitätsstandards des Verlages mit Recht misstrauisch werden. Auch hier gilt wieder: Wenn Sie bei einem Verlag unterkommen, der nicht auf Qualität achtet, dann publizieren Sie in einem nicht qualitätsgeprüften Umfeld. Das wertet Ihre Arbeit tendenziell eher ab als auf – und ist entsprechend Ihrem Ruf nicht zuträglich.

Auch wenn Lektoratsarbeit im engeren Sinne für Dissertationen wirtschaftlich von den Verlagen nicht zu leisten ist, sollte es für Sie doch aus dem Lektorat heraus Unterstützung geben. Erkundigen Sie sich, wer im Hause zuständig ist und welche Leistungen Sie erwarten können. Ein Stil-Lektorat oder Korrektorat wird – wie gesagt – nicht drin sein. Eine persönliche Begleitung und ein Kurzgutachten, das beispielsweise Hinweise zum Verbessern der Leseführung gibt und Ihnen mit Blick auf formale Anforderungen, Technik und Urheberrechtsfragen zur Seite steht, ist hingegen notwendig.

Der Aufwand an Pressearbeit, der für eine Dissertation betrieben werden muss, ist nicht gigantisch. So brauchen Sie sich keinen Träumen von Feuilletons und Interviews in den Überregionalen hinzugeben. Das ist bei einer normalen Dissertation nicht zu erwarten. Wichtig ist aber für Sie, dass Ihre Arbeit bei den fachlich einschlägigen Medien rezensiert wird. In diesem Zusammenhang sollten Sie sich erkundigen, ob der Verlag überhaupt kostenlose Presseexemplare abgibt. Die in erster Linie auf Digitalisate ausgerichteten Großkonzerne gewähren Medienleuten kostenfreien Zugriff auf die PDF-Dateien. Das ist mittlerweile eine übliche Vorgehensweise. Für komplexe Texte ist diese Praxis jedoch eher unkomfortabel: Hier wären gedruckte Besprechungsexemplare wünschenswert, die kostenlos abgegeben werden.

Die Präsenz auf Fachkongressen ist zumindest in den Sozial- und Geisteswissenschaften für einschlägige Fachverlage zwingend. Hier kommen Lektorate mit der Wissenschaft ins Gespräch. Wir gehen sogar in erster Linie mit unseren Büchertischen auf die Fachkongresse, um Sie zu treffen! Sie tun uns also einen Gefallen, wenn Sie uns am Stand besuchen kommen.

Für Sie als Wissenschaftler*in kann es bereichernd sein, sich einen Überblick sowohl über die Verlage als auch deren Programme zu verschaffen.

2. Kontaktaufnahme

Um in einem richtigen Fachverlag zu veröffentlichen, müssen Sie Ihr Werk dort vorstellen. Wenn Sie im Vorfeld herausgefunden haben, wer für Sie zuständig ist, dann wissen Sie bereits, wem Sie Ihr Manuskript oder Exposé zuschicken können. Falls Sie noch nicht so weit gekommen sind, wäre jetzt ein guter Zeitpunkt dafür.

Bei einer Dissertation ist es nicht unbedingt erforderlich, dem Verlag ein Exposé zukommen zu lassen – wenngleich es auch nicht schadet. Genauso gut können Sie das komplette Manuskript einreichen, vorausgesetzt, dass es fertig ist, wenn Sie den Kontakt zum Verlag suchen. Einen Leitfaden zur Buchvorstellung finden Sie in Kapitel 18.

Zeitpunkt der Kontaktaufnahme

Bei Dissertationen ist es nicht unüblich, diese erst dann dem Verlag zur Veröffentlichung anzubieten, wenn sie komplett fertig und bereits angenommen sind. Ein anderes Vorgehen ist teils laut Promotionsordnung nicht erlaubt.

Vorausgesetzt, dass Sie nicht gegen Vorgaben verstoßen, wäre es denkbar, bereits im Vorfeld mit dem Verlag anhand eines Exposés und eines – durchaus auch vorläufigen – Inhaltsverzeichnisses das Dissertationsprojekt vorzustellen. In der Regel sollte das Lektorat keine Schwierigkeiten damit haben, zumindest eine erste grobe Einordnung vorzunehmen und grundsätzlich zu sagen, ob das Projekt ins Programm passen könnte oder nicht.

Übrigens: Während ich Ihnen bei allen anderen Projekten davon abraten würde, sie zeitgleich mehreren Partnern – Verlagen oder Zeitschriftenredaktionen – zur Veröffentlichung anzubieten, ist das bei einer Dissertation unproblematisch. Die Verlage wissen, dass Sie im Zweifel unter Zeitdruck stehen und Ihre Dissertation innerhalb einer gewissen Frist publizieren müssen. Sagen Sie es trotzdem dazu, wenn Sie Ihr Projekt zeitgleich mehreren Verlagen anbieten. Eine Massenmail nach dem Motto: „Sehr geehrte Damen und Herren, bitte machen Sie mir ein Angebot zur Veröffentlichung meiner Dissertation. Mit freundlichen Grüßen …" wird von den Verlagen im Übrigen nicht goutiert.

Stellen Sie sicher, dass Ihr Projektvorschlag beim Verlag eingegangen ist – manchmal gehen E-Mails verloren. Bei der Gelegenheit könnten Sie sich erkundigen, wie lange die Begutachtung in der Regel dauert. Fragen Sie erst nach Verstreichen dieses Zeitraums wieder nach. Die Lektor*innen haben häufig den Tisch voller Projekte und bemühen sich, den Autor*innen rasche Rückmeldungen zu geben. „Netto" ist alles schnell gemacht – es dauert nicht lang, eine Dissertation auf ihre Publikationstauglichkeit und Programmpassung zu überprüfen, das Konditionenbündel steht schon fest und muss nicht erst neu erfunden werden, sodass es auch kein Lektoratskunststück ist, ein Angebot zu schreiben. Aber dieser kleine, schnell zu erledigende Vorgang hat eine Vielzahl von Brüdern und

Schwestern ... Und deshalb ist es besser, dem Lektorat die vereinbarte Zeit zuzugestehen, bevor Sie erneut nachhaken. Länger als vier Wochen sollte es aber nicht dauern müssen, bis man Ihnen eine generelle Zusage – oder Absage – zukommen lassen kann. Dann wissen Sie, ob Sie sich einen anderen Partner suchen sollten.

Es ist im Übrigen auch in Ordnung, wenn Sie mehrere Angebote zur Veröffentlichung Ihrer Dissertation einholen. Allerdings sollten Sie – nach sorgfältiger Prüfung – eine Entscheidung treffen und allen Verlagen – auch denen, bei denen Sie nicht publizieren wollen – eine Rückmeldung geben. Es ist niemandem geholfen, wenn Ihr Projekt bei „offene Projekte" liegt und im Verlag erst klar wird, dass Sie wohl nicht zusammenarbeiten werden, wenn das Buch in einem anderen Verlag angekündigt wird oder bereits erscheint.

3. Das Angebot zur Dissertationspublikation

Wie oben schon erwähnt, ist es bei Dissertationen häufig üblich, dass ein Druckkostenzuschuss verlangt wird. Tipps zum Einwerben von entsprechenden Drittmitteln finden Sie im folgenden Kapitel. Bei Großkonzernen, die viel Masse benötigen, um ihre Mengenzusagen an ihre Bibliothekskunden zu erfüllen, können Sie im Moment kostenlos veröffentlichen, wenn Sie mit der Publikation eines E-Books zufrieden sind, das einen hohen Ladenpreis hat bzw. in extrem überteuerten Einzelteilen (25 bis 40 Euro je Kapitel sind keine Seltenheit) angeboten wird. Ihre Dissertationspflichtexemplare müssen Sie genauso bezahlen wie weitere Exemplare, die Ihnen von anderen Verlagen als Freiexemplare zur Verfügung gestellt werden.

Die meisten Promotionsordnungen sehen mit der OA-Veröffentlichung der Dissertation die Publikationspflicht erfüllt. Auch dies wäre also ein gangbarer Weg, der aber die gleichen Überlegungen mit Blick auf Ihren Reputationsaufbau erfordert wie die Publikation ohne OA. Dass spezifische Publikationen automatisch und ohne weitere Anstrengung breiter rezipiert werden, weil sie OA zugänglich sind, wird zum Beispiel auf der Informationsplattform Open Access (https://open-access.net/informationen-zu-open-access; Zugriff 2.5.2019) behauptet.

Generell gilt, wie gesagt, dass Sie kein umfangreiches Lektorat erwarten können. Selbstverständlich können Sie diese Dienstleistung einkaufen. Dazu können Sie sich an den Verlag Ihrer Wahl wenden oder sich selbst auf die Suche nach einem freien Lektor, einer freien Lektorin machen. Informationen und Anbieter*innen finden Sie auf den Seiten des Verbands der freien Lektorinnen und Lektoren (VFLL) und an den schwarzen Brettern Ihrer Hochschule.

Bei vielen wissenschaftlichen Publikationen und vor allem bei Dissertationen erstellen die Autor*innen die Druckvorlage: Die Verlage stellen Ihnen dazu Vorlagen zur Verfügung – in den Geistes-, Sozial- und Erziehungswissenschaften häufig in Word; in den Naturwissenschaften ist LaTex weiter verbreitet. Da die Verlage zumeist PDF-Dateien im richtigen Format benötigen, spielt es keine Rolle, mit welchem Textverarbeitungsprogramm die Vorlage erstellt wurde. Entsprechende Dienstleister*innen finden Sie möglicherweise auch beim VFLL, am schwarzen Brett – oder Sie fragen Ihren Verlag.

Vom Eingang der – mit dem Verlag endgültig abgestimmten Vorlage – bis zur Veröffentlichung vergehen zwischen vier und zwölf Wochen. Abhängig davon, welche Vorlaufzeit Ihr Verlag hat. Einige Verlage arbeiten ausschließlich mit Print-on-Demand-Modellen, sodass es durchaus möglich ist, dass Ihre Dissertation schon sehr bald nach Abgabe gedruckt an Ihrer Tür klingelt.

Zur Veröffentlichung Ihrer Dissertation können Sie zeitgleich mehrere Angebote einholen. Vergleichen Sie nicht allein die Höhe der Druckkostenzuschüsse miteinander, sondern beziehen Sie weitere Kriterien – Reputationsfaktoren des Verlages (Programmarbeit, Qualitätskriterien, Lektorat), Freiexemplare, Dissertationspflichtexemplare, Pressearbeit und Präsenz auf Kongressen – in Ihre Überlegungen mit ein.

7 Zuschüsse und Fördermöglichkeiten

7.1 Zuschüsse

Viele Bücher haben Schwierigkeiten, sich aus eigener ökonomischer Kraft zu tragen; vor allem Buchtypen I und zum Teil auch II. Daraus ergibt sich eine Lücke in der Kalkulation, die durch Druckkostenzuschüsse von Autor*innen- oder dritter Seite gedeckt werden muss. OA-Publikationen können sich – mangels Verkaufs – nicht aus eigener Kraft wirtschaftlich rechnen.

Es gibt Verlage, die sich auf die Veröffentlichung von Dissertationen, Forschungsarbeiten und Tagungsberichten spezialisiert haben. Zum Teil sind es „echte" Verlage in dem Sinne, dass sie auch einen eigenen Vertrieb haben. Diese Verlage betreiben ein Minimum an Programmpflege, an Werbung, halten zumeist Kontakt zum Buchhandel, informieren Bibliotheken und Institute, manchmal auch die Presse.

Andere Verlage sind quasi reine Dienstleister und stellen die fertigen Publikationen zur Verfügung, ohne selbst gedruckte Exemplare ans Lager zu nehmen, bei den digitalen Produkten für Sichtbarkeit und Auffindbarkeit zu sorgen und vermarkten zu wollen – Verlage also ohne einen Vertrieb. Solche Verlage interessieren sich nicht für Inhalte und den Beitrag des Werkes zum wissenschaftlichen Diskurs. Dies entspricht zumeist ihrer Geltung im Wissenschaftsbetrieb: Sie haben keine. Sie sind für Autor*innen, die ihre Veröffentlichung als tatsächlichen Beitrag zur Wissenschaft verstehen, keine gute Wahl. Erkundigen Sie sich vor einer Entscheidung für einen Verlag (eine Zeitschrift, eine Internetplattform) unbedingt über die Geltung in Ihrem Fach, wenn Sie eine Wissenschaftskarriere anstreben.

Die Notwendigkeit eines Zuschusses hat nichts mit der wissenschaftlichen Qualität einer Publikation zu tun. Die Notwendigkeit entsteht allein aus der wirtschaftlichen Kalkulation. Daraus folgt auch, dass der Druckkostenzuschuss nicht automatisch dazu führt, dass etwa der Ladenpreis gesenkt werden oder ein Honorar bezahlt werden kann.

Für Publikationszuschüsse ist in Deutschland übrigens der volle Mehrwertsteuersatz fällig: Im Zweifel sollten Sie den Verlag fragen, ob der Zuschussbedarf netto oder brutto angegeben ist. Die derzeit in Deutschland geltenden 19% Mehrwertsteuer (Stand 2019), die der Verlag nur an den Fiskus „durchreicht", können von Privatleuten in der Regel nicht geltend gemacht werden. (Wenige Autor*innen sind selbst mehrwertsteuerpflichtig und damit berechtigt, die Vorsteuer abzuziehen. Sprechen Sie mit Ihrem Steuerberater, ob für Ihre freiberufliche Tätigkeit die Möglichkeit und Notwendigkeit einer umsatzsteuerlichen Veranlagung lohnen sein kann.)

Um die Forderungen nicht allein aus eigener Tasche bezahlen zu müssen, finden Sie hier einige Hinweise zum Einwerben von Zuschüssen.

Verlage benötigen Zuschüsse in der Regel, wenn Bücher veröffentlicht werden sollen, deren Verkauf aller Voraussicht nach nicht ausreichen wird, um die Kalkulation zur Deckung zu bringen. Bei OA-Publikationen ist eine Finanzierung unumgänglich.

7.2   Fördermöglichkeiten

Sind Sie Stipendiat*in? Dann fragen Sie so früh wie möglich, ob es Unterstützungsmöglichkeiten für die Veröffentlichung Ihrer Publikation gibt. Häufig ist die Förderung im Rahmen eines Stipendiums an die Veröffentlichung innerhalb eines bestimmten Zeitraums gebunden und immer häufiger mit der Auflage einer OA-Publikation verknüpft.

Sind Sie dabei, ein Forschungsprojekt zu beantragen? Dann versuchen Sie, die Gelder zur Publikation eines Forschungsberichts direkt mit zu beantragen. Beachten Sie wiederum etwaige OA-Vorgaben.

Stellen Sie Anträge zur Unterstützung einer Veranstaltung? Auch hier wäre es einen Versuch wert, Ressourcen für eine Publikation – gegebenenfalls im Open Access – von Anfang an mit einzukalkulieren.

Sitzen Sie vor Ihrem nahezu fertigen Manuskript und liegt Ihnen die Forderung des Verlages vor, dann bleiben Ihnen noch immer diverse Stellen, die Ihnen zumindest einen Zuschuss zum Zuschuss geben könnten. Bevor Sie allerdings eine Stiftung bemühen, können Sie zweierlei probieren: Als erste Adresse sollten Sie die VG Wort ansprechen (www.vgwort.

de). Die VG Wort subventioniert manche wissenschaftliche Publikation – Open Access aber nur unter bestimmten Bedingungen. Gehen Sie zuerst zur VG Wort, da dort kein Manuskript geprüft wird, das bereits anderweitig abgelehnt worden ist.

Abgesehen davon sollten Sie sich ohnehin bei der VG Wort als Autor*in, Herausgeber*in, Redakteur*in, Übersetzer*in registrieren lassen – dieser Wahrnehmungsvertrag bringt ein bisschen Geld. Auch in anderen Ländern gibt es derartige Zusammenschlüsse wie zum Beispiel die Literar-Mechana in Österreich und ProLitteris in der Schweiz.

Eine zweite Adresse ist die Deutsche Forschungsgemeinschaft (DFG), deren Fördervolumen in diesem Bereich jedoch auf ein Minimum geschmolzen ist. Leider dauern die Begutachtungsprozesse bei beiden Institutionen relativ lang (jeweils bis zu drei Monaten; erkundigen Sie sich im Vorfeld nach den Sitzungsterminen, auf denen über die Mittelvergabe entschieden wird).

Gibt es von diesen beiden Stellen keine Förderung, ist diese Wartezeit natürlich lästig. Andererseits können Sie in dieser Zeit gut an Ihrem Manuskript arbeiten, Zeitschriftenaufsätze zum Thema lancieren und an Ihrer Positionierung und Publikationsstrategie arbeiten.

In der Schweiz fördert als Großer der Schweizerische Nationalfonds zur Förderung der Wissenschaftlichen Forschung (www.snf.ch), in Österreich gibt es möglicherweise Zuschüsse von einschlägigen Ministerien.

Sollten in Deutschland die beiden Großen absagen, können Sie sich an Stiftungen wenden. Nehmen Sie sich die Seite des Stifterverbandes für die Deutsche Wissenschaft (www.stifterverband.de) vor und arbeiten Sie diese durch: Es gibt Stiftungen, die auch in Ihrem Bereich fördern. Dabei muss man nicht unbedingt eine Komplettförderung im Auge haben, manchmal kann man mehrere Institutionen gewinnen und muss letztlich nichts selbst dazuzahlen.

Möglicherweise ist das Thema Ihrer Veröffentlichung so geartet, dass Unternehmen oder Geldinstitute sich angesprochen fühlen und Sie unterstützen. So haben zum Beispiel die Sparkassen Fördertöpfe für Wissenschaftszwecke, und manch ein Unternehmen fördert gern Wissenschaftler*innen mit fachlicher oder auch geografischer Nähe.

Fragen Sie nach den Förderrichtlinien und Gepflogenheiten Ihrer Förderer: Muss ein Logo auf den Umschlag, in die Titelei (S. 1 bis 4), ein Hinweis ins Vorwort? Vergessen Sie niemals den freundlichen Dank und stellen Sie sicher, dass Ihre Förderer von Ihnen die ausreichende Menge an Gratifikationsexemplaren erhalten. Besprechen Sie dies früh mit Ihrem Verlag: Je nach Anzahl müssen Sie für diese Exemplare selbst aufkommen. Der Verlag benötigt den Publikationszuschuss, um das Projekt zu veröffentlichen, Freiexemplare sind quasi Geschenke, die die Kalkulation wiederum belasten.

Gut ist es, möglichst viel mit Kolleg*innen zu sprechen: Da sich die Rahmenbedingungen von Subventionsmöglichkeiten häufig ändern, ist der Austausch mit anderen Wissenschaftler*innen hilfreich. Und manches Mal ist es die lokale Geländekenntnis, die Sie zu einem Fördertopf an Ihrem eigenen Institut, Ihrer eigenen Hochschule bringt.

Nicht zuletzt zeigen Sie übrigens mit dem Einwerben einer Veröffentlichungsförderung, dass Sie das Einwerben von Drittmitteln beherrschen – eine Schlüsselkompetenz im heutigen Wissenschaftsbetrieb (und dies ist nur bedingt sarkastisch gemeint).

Zwar gibt es keine Stelle, die automatisch und garantiert einen Publikationszuschuss zur Verfügung stellt. Fleiß beim Einwerben von Subventionen wird jedoch häufig belohnt.

8 Internationales Publizieren – Übersetzungen und Fördermöglichkeiten

8.1 Publizieren in internationalen Verlagen

Vielfach scheint internationales Publizieren in erster Linie die Veröffentlichung in englischer Sprache zu bezeichnen. Dies hat durch den Status des Englischen als Weltsprache und als *lingua franca* in der Wissenschaft eine gewisse Berechtigung.

Oft wird ein Auslandsaufenthalt während des Studiums empfohlen. Austauschprogramme – z. B. im Rahmen von ERASMUS – befördern dies, häufig innerhalb des europäischen Raums. Die USA haben nach wie vor eine vergleichsweise hohe Attraktivität – von Schwankungen aufgrund aktueller ökonomischer oder politischer Bewegungen mal abgesehen. Doch internationaler Diskurs heißt nicht unbedingt in erster Linie Austausch mit den USA.

Die Diskussion innerhalb der europäischen Scientific Community rückt in den letzten Jahren stärker in den Vordergrund, durch den regen Austausch mit Osteuropa ist Bewegung in die vormals auf die USA konzentrierten Strukturen gekommen, durch Forschungsförderung im europäischen Kontext und durch europäische Forschungskooperationen, die im Kontext der Rahmenpläne der Forschungsförderung der Europäischen Union gefördert werden, werden neue Netzwerke geknüpft.

Aus europäischen Projekten entstehen nicht selten Bücher, teils auch Dissertationen in englischer Sprache. Je nach Ausrichtung der Publikationen ist eine Veröffentlichung in einem britischen oder US-amerikanischen Verlag möglich. Diese Verlage halten zumeist Fragebögen im Internet zum Herunterladen (als Beispiel vgl. Übersicht 8.1) bereit, die sie ausgefüllt zugesandt bekommen möchten, bevor sie sich mit einer etwaigen Publikation auseinandersetzen wollen. Doch gibt es auch im deutschsprachigen Raum Verlage, die auf Englisch veröffentlichen.

Die Verlagssuche gestaltet sich analog zur Verlagssuche bei deutschsprachigen Publikationen. In den meisten Regionen gibt es unterschiedliche Verlagshäuser, national und international operierende, große und kleine, solche, die extrem engagiert und mit engem Bezug zu ihren Autor*innen arbeiten, und solche, bei denen der persönliche Kontakt in den Hintergrund tritt.

Sollten Verlage zur Veröffentlichung dieser Bücher Zuschüsse fordern, gibt es die gleichen Möglichkeiten, wie oben erläutert.

Wenn Sie als Nicht-Muttersprachler*in eine englische oder in einer anderen Sprache verfasste Publikation planen, sorgen Sie unbedingt für ein muttersprachliches Lektorat. Verhandeln Sie mit dem Verlag, ob er die Kosten dafür trägt.

Viele deutschsprachige Autor*innen, die international aktiv sind, freuen sich, wenn sie in den renommierten multinationalen Verlagshäusern unterkommen. Die dortige Vertriebskraft für den internationalen Raum ist enorm. Die Häuser haben Niederlassungen in allen bedeutenden Regionen und entsprechende Kanäle in die Absatzmärkte. Obschon das Verkaufen von Büchern im Grunde überall auf der Welt relativ ähnlich abläuft, gibt es doch regional sehr unterschiedliche Strukturen. Durch die internationale Aufstellung können diese großen Häuser Vorteile in der Distribution bieten.

Auch in den USA und in Großbritannien gibt es kleinere Verlage, die nicht in diesem Maße international aufgestellt sind. Je nach Ausrichtung Ihrer Publikation kann sich aber auch die Kooperation mit einem dieser kleineren Verlage durchaus lohnen. Insbesondere wenn Ihr Buch sich thematisch mit den USA bzw. Großbritannien auseinandersetzt. Denn auch Bücher, die in englischer Sprache erscheinen, haben begrenzte Absatzmärkte, unabhängig davon, wie die Vertriebskanäle des Verlages sich gestalten.

Insbesondere der große US-amerikanische Markt ist für Publikationen mit internationalen Themen erstaunlich begrenzt. Das Phänomen ist in Europa vergleichbar anzutreffen: Der kleinere Teil der jeweiligen Wissenschaftler*innen arbeitet mit internationalen Bezügen. Die meisten beziehen sich auf den eigenen nationalen Raum bzw. spezifische internationale, bilaterale oder multilaterale Beziehungen. Natürlich ist dies auch von den einzelnen Fachkulturen abhängig: Der Bereich Internationale Beziehungen ist internationaler ausgerichtet als andere Bereiche der Politikwissenschaft; in Bereichen wie der Molekularbiologie spielen nationale Bezüge eine untergeordnete Rolle.

Wenn Sie bei einem der multinationalen Häuser unterkommen, müssen Sie in der Regel keinen Druckkostenzuschuss leisten; die Gebühren für OA-Publikationen sind jedoch sehr hoch. Zumeist wird Ihr Manuskript einen Peer-Review-Prozess durchlaufen, der zu Rückmeldungen mit Überarbeitungsforderungen führt. Ein Copy-Editing schließt sich an, wenn Sie das überarbeitete Manuskript eingereicht haben: Hier werden Sprache, Rechtschreibung und Interpunktion überarbeitet. Anschließend geht das Manuskript in den Satz. Von dort geht es wiederum an die Autor*innen zur Korrektur bzw. Druckfreigabe. Das Register wird ebenfalls zumeist von Verlagsseite erstellt. Bei den großen Häusern gibt es also häufig ein Rundum-sorglos-Paket. Die ganze Prozedur dauert in etwa 24 Monate vom erstmals fertigen Manuskript bis zum fertigen Buch, manchmal länger.

Die Buchpreise für Monografien sind in der Regel höher als im deutschsprachigen Raum. Erkundigen Sie sich, ob Freiexemplare für Autor*innen vorgesehen sind – denn dies ist vor allem bei teuren Hardcover-Bänden mitnichten selbstverständlich.

Auch im angelsächsischen Raum ist es üblich, dass die Autor*innen die Vermarktung ihres Buches unterstützen. Manch ein Verlag fragt bis ins Detail nach einzelnen Aktionen, Reisen, Veranstaltungen, nach Verfügbarkeit für die Medien etc.

Auch bei den Großen sind die Buchabsätze dramatisch eingebrochen, und das gewinnträchtige Vermarkten digitaler Pakete, zusammen mit dem Fokus auf Peer-Reviewed Journals ist auch hier zu beobachten. Weiterhin ist das Ganze in beständigem Fluss.

Publizieren hat national geprägte Traditionen und kennt zum Teil unterschiedliche Regeln. Wichtig ist, sich für internationale Publikationsvorhaben frühzeitig über die jeweiligen Gepflogenheiten zu informieren.

Übersicht 8.1: Beispiel für einen anglo-amerikanischen Verlagsfragebogen für die Manuskript-Offerte

Questionnaire

1.	Author(s)/editor(s)	(Name(s), title(s), position(s)):

1.1 **Postal address:**

2 **Affiliation:**

3.1 (preliminary) **Title** and **Subtitle:**

3.1 Book series (if applicable):

3.2 o printed book   o eBook

  o other (please specify)

4. **Number of words:**

5. **Schedule** (When do you plan to send the typescript/CRC to the publisher):

6. **Estimated publication date:**

  (Please let us know in case there is an important conference/ workshop etc.)

7. **Abstract** (max. 200 words):

8. **Table of Contents:**

9. **Target group(s):**

10. **Competing titles, please list and explain how your book differs:**

11. **Comments:**

Quelle: Eigene Darstellung.

8.2 Übersetzungen

Übersetzungen sind eine andere Geschichte. Liegt Ihre Originalveröffentlichung als Buch in deutscher Sprache vor und Sie möchten nun, dass ein nichtdeutscher Verlag eine Übersetzung als Lizenzausgabe veröffentlicht, gibt es eine Reihe unterschiedlicher Varianten.

Die erste wäre: Ein Verlag hat Sie angesprochen und möchte Ihr Buch unbedingt, beispielsweise ins Mandarin, übersetzen. Da ist zunächst zu prüfen, ob Sie die Rechte an der Übersetzung Ihres Buches in andere Sprachen haben. Dieses Übersetzungsrecht gilt als Nebenrecht und wird in deutschen Verträgen häufig von den Autor*innen auf den Verlag übertragen. Sollte dem so sein, müssten Sie die beiden Verlage – den chinesischen und den deutschen – miteinander ins Gespräch bringen. Normalerweise fließen bei solchen Lizenzvereinbarungen Gelder in Form einer Vorauszahlung und dann abhängig vom Erfolg der Lizenzausgabe, in diesem Falle der chinesischen Übersetzung. Von diesen Gebühren steht den Autor*innen meist ein Anteil zu – auch dies ist im gewöhnlichen Autor*innenvertrag bereits geregelt.

Sollte der lizenznehmende Verlag das Problem haben, dass die Übersetzung frei finanziert werden muss, wird möglicherweise die Lizenzgebühr davon in Mitleidenschaft gezogen. Es gibt bei den deutschen Verlagen in dieser Hinsicht recht unterschiedliche Kulturen. Manche schauen auf ihre Margen und verkaufen die Nebenrechte, wenn sich die Gelegenheit bietet. Stimmt die Kasse bei diesen Lizenzverkäufen nicht, wird nicht verkauft. Sie können versuchen, wenn Ihr Verlag allzu betriebswirtschaftlich argumentiert, Ihre internationale Reputation an erste Stelle zu rücken. Der deutsche Verlag darf die Übersetzung nicht finanzieren müssen, aber auf einen Teil der Lizenzgebühren könnte im Notfall möglicherweise von Verlags- und Autor*innenseite verzichtet werden. Letztlich können Sie natürlich nur für sich selbst entscheiden – der Verlag muss nach seinen eigenen Interessen urteilen.

Eine weitere Möglichkeit wäre: Sie suchen einen ausländischen Verlag, weil Sie sich in China etablieren wollen oder Ihr Buch sich thematisch mit China befasst. Fragen Sie zunächst Ihren Verlag: Möglicherweise hat er Kontakte oder kennt jemanden, den oder die man fragen sollte. Fragen Sie außerdem chinesische Kolleg*innen bzw. Chinakenner*innen nach einschlägigen Verlagen und nach positiven Gutachten zu Ihrem Buch.

Haben Sie einen Verlag gefunden, stehen Sie vor dem zuvor skizzierten Problem von Verhandlung und Übersetzung.

Sollten Sie von vornherein wissen, dass Ihr deutsches Original vermutlich ein Bestseller in Brasilien wird, und Sie verfügen über einschlägige Kontakte, klären Sie direkt bei Vertragsabschluss mit Ihrem Verlag, dass die Rechte für die Übersetzung ins Portugiesische bei Ihnen verbleiben. Allerdings sind Sie dann bei etwaigen Verhandlungen mit dem brasilianischen Verlag auf sich selbst gestellt. Um sich in dieser Hinsicht abzusichern, können Sie eine Agentur einschalten. Diese erwartet aber natürlich wiederum Geld von Ihnen.

Es kommt auf Ihre individuelle Situation an, was das Beste ist: dem Verlag alle Nebenrechte zu überlassen oder sie ganz bzw. teilweise zu behalten. Wenn Sie Grund zur Annahme haben, dass Ihr Buch für Übersetzungen geeignet ist, aber selbst nicht aktiv werden wollen, sprechen Sie mit Ihrem Verlag darüber.

Erstmals für 2008 ausgeschrieben, vergeben die Thyssen-Stiftung, der Börsenverein des Deutschen Buchhandels, die VG Wort und das Auswärtige Amt gemeinsam Übersetzungsförderungen „Geisteswissenschaften International" bei Übersetzungen aus dem Deutschen ins Englische. Der deutsche Verlag muss einen entsprechenden Antrag stellen. Weitere Informationen dazu und die entsprechenden Unterlagen finden Sie unter www.boersenverein.de.

Das Goethe-Institut und manch andere Einrichtung gehören zu den wenigen Institutionen in Deutschland, die gelegentlich Übersetzungen deutscher Originalwerke in Fremdsprachen in den Sozial- und Erziehungswissenschaften fördern. Übersetzungen ins Englische werden tendenziell eher nicht gefördert. Unsere Übersetzung ins Chinesische hat jedoch recht gute Chancen, wie auch Übersetzungen in osteuropäische Sprachen. Zum Teil haben die ausländischen Verlage ebenfalls Möglichkeiten, eine Übersetzung subventionieren zu lassen. China hatte kürzlich viel Geld zu diesen Zwecken ausgeschrieben. Auch die Stiftungen aus dem Stifterverband für die Deutsche Wissenschaft könnten unter Umständen hilfreich sein: Fragen schadet nicht und intensive Recherche könnte lohnenswert sein.

Die Vermarktung nichtdeutschsprachiger Literatur in den entsprechenden Scientific Communitys ist von Deutschland aus nicht eben einfach. Deutschsprachige Verlage, die auf Englisch publizieren, sollten internationale Partner vorweisen können, um zumindest in Nordamerika und Großbritannien eine gewisse Präsenz zu zeigen. Wenn Sie in einem internationalen Haus publizieren, hängen die Marketing- und Presseaktivitäten vom jeweiligen Verlag, Ihrem Werk und den nationalen Gepflogenheiten ab. Im Zweifel ist es auch hier angeraten, den Verlag zu fragen, was geplant ist und was Sie selbst beitragen können. Sollten Sie zufällig nach China reisen, um zu Ihrem Thema Vorträge zu halten, ist es sicherlich gut, Ihrem dortigen Verlag frühzeitig Bescheid zu geben, damit er seine Aktivitäten mit Ihren Reiseplänen koordinieren kann.

Übersetzungen sind teuer. Oft hängt eine fremdsprachige Ausgabe an entsprechenden Subventionsmöglichkeiten. Auch hier gibt es keine garantierte Förderung. Lizenzverträge können knifflig sein. Auch hier wichtig: Kommunikation.

Teil II
Redaktionelles und
Typografisches

9 Ganz knapp: Aufbau, Stil, Orthografie und Interpunktion

Zu diesem Thema gibt es eine Fülle von hervorragender Literatur, und dieses Buch ist ja keines zum Thema des wissenschaftlichen Schreibens (z. B. Scherübl/Günther 2015; Scheuermann 2016; Dreyfürst u. a. 2014; Esselborn-Krumbiegel 2017).

Da mir jedoch in meinen Jahren im Lektorat immer wieder Manuskripte untergekommen sind, die zuvor besser nach ein paar einfachen Kriterien überarbeitet worden wären, hier ein paar Anmerkungen zum Themenkreis.

9.1 Aufbau und Gliederung

Eine Gliederung sollte logisch und nachvollziehbar sein. Unabhängig von Veröffentlichungsform und Buchtyp möchte das jeweilige Thema in einem angemessenen Rahmen eingeleitet werden, je nach Herangehensweise und Aufgabe des Buches werden Methode, Rahmen, Theorie vorgestellt. Dieser Teil ist für Dissertationen und andere Qualifikationsarbeiten natürlich besonders wichtig und kann für die spätere Veröffentlichung gekürzt oder in andere Teile eingearbeitet werden. Es folgen der Hauptteil – ggf. unterteilt in mehrere Kapitel – und dann in der Regel ein Schluss, der Ergebnisse zusammenfasst und etwaigen weiteren Forschungsbedarf beschreibt oder – im Falle einer Praxisorientierung – Handlungsempfehlungen gibt. Zu einer korrekten wissenschaftlichen Arbeit gehören natürlich weiters sämtliche Quellenangaben – Bücher, Zeitschriftenaufsätze, Internetquellen, abhängig von Fachkulturen unterteilt in Primär- und Sekundärliteratur, je nach Fragestellung und Schwerpunkt des Manuskripts. Möglicherweise schließt sich ein Anhang mit Material an – Interview- oder Quellentexte, Tabellen, Grafiken und Ähnliches. Oft genug kann man diese Materialien ins Internet stellen oder an geeigneter Stelle im Text anbieten, dass Interessierte diese Texte per Post oder E-Mail zugesandt bekommen können, entweder durch den Verlag oder die Autor*innen.

Entwirft man ein Handbuch oder ein ähnliches Referenzwerk, ist besonderes Augenmerk auf den möglichst parallelen Aufbau der einzelnen Artikel zu legen (mehr dazu in Kapitel 10).

Außerdem braucht es je nach Buch und Zielsetzung unbedingt ein Register. Während der Verlag keine Schwierigkeiten bei der technischen Erstellung eines Registers haben dürfte, ist er inhaltlich auf die Mithilfe der Autor*innen bzw. Herausgeber*innen angewiesen, wenn ein hierarchisiertes Register entstehen soll, das über ein reines Orts- und Namensregister hinausgeht. Englischsprachige Bücher ohne Register werden von den angloamerikanischen Bibliotheken in der Regel nicht gekauft.

> Die Gliederung zeigt oft auf den ersten Blick, ob ein Text gut durchdacht und logisch aufgebaut ist.

9.2   Fußnoten

Mein Professor sagte seinerzeit mit Blick auf Fußnoten: „Die eigentliche Entscheidung lautet: Papierkorb oder Bestandteil des Haupttextes."

Zweifelsohne war er der Meinung, dass der größte Teil der Fußnoten in den Papierkorb gehöre. Mittlerweile, mehr als zwei Jahrzehnte Lektoratsarbeit später, kann ich ihm nur beipflichten! Es ist mühsam, Manuskripte bzw. Bücher zu lesen, deren Apparat beinahe den gleichen Raum einnimmt wie der Haupttext. Und was nicht alles in den Fußnoten steht! Es ist manchmal schwierig, sich auf das Wesentliche zu beschränken, aber Disziplin tut dem Text und vor allem seinen Leser*innen gut!

Wiederum sollten sich die Autor*innen vor Augen führen, was die vorderste Aufgabe eines Textes ist. Wenn es also darum gehen soll, die Leser*innen mit dem eigenen profunden Wissen zu konfrontieren, so ist der Haupttext ein besserer Ort dafür als die Fußnoten.

Ich möchte jede Autorin, jeden Autor bitten, die Anzahl der Fußnoten auf ein Minimum zu reduzieren!

Übrigens kommt ans Ende einer jeden Fußnote ein Punkt, sagt die neue Rechtschreibung, auch wenn es sich nicht um einen vollständigen, grammatisch korrekten Satz handelt.

> Der Einsatz von Fußnoten ist von Zielgruppe und Fachkultur abhängig. Weniger ist im Zweifel besser.

9.3   Stil

Die zentrale Frage bei der Wahl des Stils ist die nach der Zielgruppe. Aus meiner eigenen Erfahrung heraus würde ich immer dafür plädieren, in erster Linie an das zu denken, was ein Text als Hauptaufgabe leisten sollte: die Vermittlung. Natürlich muss er noch weitere Aufgaben bewältigen – zum Beispiel die wissenschaftliche Eignung des Schreibenden belegen oder auch beim Lernen unterstützen. Meine Meinung ist, dass die große Herausforderung für den Schreibenden darin besteht, auch hochkomplexe Sachverhalte für andere nachvollziehbar darzustellen. Berühmte Ausnahmen mögen diese Einschätzungsregel bestätigen.

Es gibt eine Reihe guter Bücher zum Thema journalistisches Schreiben, deren Grundlagen durchaus auch für das Schreiben im akademischen Kontext gelten. Wenn Sie sich intensiver mit diesen Fragen auseinandersetzen möchten, blättern Sie durch die einschlägige Literatur (zum Beispiel die Bücher von Wolf Schneider, von denen Sie eine Auswahl im Literaturverzeichnis finden).

> Der Stil muss sich an Zielgruppe und Fachkultur orientieren.

9.4   Grammatik, Orthografie und Interpunktion

Ein Manuskript sollte hinsichtlich dieses Dreiklangs möglichst perfekt sein. Inkorrekte Konkordanzen – also die fehlende Abstimmung zwischen einzelnen aufeinander bezogenen Satzteilen – sollten allenfalls auf Flüchtigkeitsfehler zurückgehen.

Mit Bastian Sick (2008) habe ich ein paar Beispiele für Probleme aus dem Bereich der Grammatik herausgepickt, auf die selbst gestandene Lektor*innen hereingefallen sind (die Auflösung finden Sie im Anhang):

- Eine solch gute Betreuung seitens eines Doktorvaters bin ich nicht gewöhnt.
- Wegen dem Thema haben wir lange überlegt.
- Im Sommer diesen Jahres werde ich abgeschlossen haben.
- Durch die Disputation werde ich hoffentlich einfach nur durchgewunken.
- Wir gedenken dann den Armen, die es nicht geschafft haben.

Weitere Beispiele dieser Art finden Sie auf den Internetseiten von Bastian Sick (www.bastiansick.de).

Grammatik kann also ein weit kniffligerer Bereich sein, als man gemeinhin annimmt. Wichtiger als die Korrektheit bei Spezialfällen ist die Stimmigkeit des Ganzen. Dies gilt auch für die Rechtschreibung.

Das Schöne an der neuen Rechtschreibung ist, dass kaum jemand sie beherrscht. Das führt zu einem insgesamt entspannteren Umgang mit Rechtschreibung und Zeichensetzung – eine Anarchie, die es in Deutschland seit Einführung der schriftlichen Amtssprache vermutlich nicht mehr gegeben hat.

Das sollte allerdings nicht dazu führen, dass nun wirklich alle Regeln außer Kraft gesetzt werden und jede Einheitlichkeit aus den Texten verschwindet. Ein Mindestmaß an Einheitlichkeit ist ein Muss.

Kaum jemand beherrscht noch die korrekte Verwendung von „ß": Nach kurzen Vokalen steht „ss", nach langen „ß", außer bei Diphthongen (also Doppelvokalen wie „ei", „au" usw.). Es heißt also beispielsweise nicht „ausserdem" sondern „außerdem". Natürlich ist das „ß" in der Schweiz dem „ss" in allen Fällen gewichen.

Die wichtigsten Veränderungen von der alten zur neuen Rechtschreibung finden Sie im Duden.

Im Bereich der Interpunktion gibt es – nicht erst seit der Rechtschreibreform – vielerlei Verwirrung. Satzzeichen wie das von mir persönlich sehr geschätzte Semikolon sind vom Aussterben bedroht; Kommata werden beharrlich überall und nirgends eingefügt; manchmal quasi als Zeichen für die Atempause wie bei Lernstücken für Blasinstrumente. Letztlich gilt hier das Gleiche wie für die Orthografie: Solange Einheitlichkeit gewahrt bleibt, ist nach den aktuellen Regeln vieles möglich. Sobald die erste Schüler*innengeneration, die konsequent in neuer Rechtschreibung geschult wurde, die geistige Führung über dieses Feld übernimmt, werden wir wieder einer größeren Regelkonsistenz begegnen – oder auch nicht: Durch die – mittlerweile wieder infrage gestellten – Lehrmethoden in der Grundschule und rechtschreib- wie interpunktionsfreie Räume beim Verfassen von Kurznachrichten scheint diese Generation zunächst vollkommen verloren für derartige Regeln. Ich bin gespannt, wie sich dies in den nächsten Jahren und Jahrzehnten gestalten wird.

Ein ganz und gar fehlerfreier Text ist beinahe nicht zu finden. Wenn Sie Ihren eigenen Text dreimal gelesen haben, erkennen Sie vermutlich keinen Fehler mehr: Sie können Ihren Text auswendig, die Redundanz hilft über die restlichen Fehler hinweg. Eine Möglichkeit, die letzten Rechtschreibfehler aufzuspüren, ist, den Text Wort für Wort von hinten nach vorne zu lesen. Ein anderer Trick ist es, den Text neu zu formatieren: Jetzt stehen die gleichen Fehler an neuen Plätzen und lassen sich – Abrakadabra – plötzlich finden! Einen (letzten) Durchgang durch den Text sollte ohnehin jemand anders vornehmen; jemand, der den Text noch nicht auswendig kann.

Wenn Ihr fertiges Buch, Ihr Zeitschriftenaufsatz dann vor Ihnen liegt, schlagen Sie garantiert eine Seite auf, auf der Sie direkt einen Fehler entdecken. Auch wenn Oscar Wilde sagt: „Der Dichter überlebt alles, außer einem Druckfehler." Tragen Sie's mit Fassung und korrigieren Sie's bei der nächsten Auflage oder Ausgabe …

Für die Veröffentlichung von Texten, die von Nicht-Muttersprachler*innen verfasst wurden, seien sie nun Teil eines von Ihnen herausgegebenen Sammelbandes auf Deutsch oder ein englischer Text, den Sie oder jemand anders – als Nicht-Muttersprachler*in – verfasst haben oder hat, gilt, dass diese Texte ein muttersprachliches Lektorat durchlaufen sollten. Sprechen Sie frühzeitig mit Ihrem Verlag darüber, wer die Kosten übernimmt!

Häufig schon ist mir das Phänomen begegnet, dass Autor*innen nicht einzuschätzen wussten, wie gut oder schlecht ihre Schriftsprache in einer Fremdsprache ist. Sollte das auf Sie zutreffen, dann lassen Sie Ihren Text auf jeden Fall von einem bzw. einer Muttersprachler*in prüfen. Sicher ist sicher.

Die wenigsten Autor*innen gehen mit dem Selbstbewusstsein an die Sache heran, das mir in Workshops vor allem bei Autor*innen aus den Naturwissenschaften und Technikbereichen begegnet. Dort schaut man mich verwundert an, wenn ich von Qualitätskontrolle mit Blick auf die

Sprache erzähle. „Bad English" sei doch allgemein als Wissenschafts-sprache anerkannt. Ich vertrete da eine andere Auffassung: In den Sozial- und Erziehungs- wie auch den Geisteswissenschaften gehört die Sprache selbst zum wichtigsten wissenschaftlichen Instrumentarium. Dass sie so präzise und korrekt sein muss wie irgend möglich, versteht sich von selbst.

Fehlerlosigkeit ist selten. Sorgfalt ist oberstes Gebot: Wenige Fehler zu machen, ist ein gutes Ergebnis.

10 Zitationen und andere Punkte redaktioneller Gleichmacherei

10.1 Zitationsweisen

Es ist immer wieder erstaunlich, welche Vielfalt es im Bereich der Zitierweisen gibt. So kann es sein, dass in einem Sammelband nicht nur jeder Beitrag eine andere Zitierweise präsentiert, auch innerhalb eines einzigen Beitrags begegnen einem durchaus verschieden aufgemachte Quellenangaben. Die Schwierigkeit der Sozial- und Geisteswissenschaften liegt darin begründet, dass es zum großen Teil keine verbindliche Vorgabe gibt, wie die Zitierweise auszusehen hat. Für die Psychologie gibt es ein Regelwerk, herausgegeben von der Deutschen Gesellschaft für Psychologie (2007), das sich gut für die benachbarten Wissenschaften eignet.

International gibt es die amerikanische Zitierweise, die nach den sogenannten Harvard-Regeln gehandhabt werden. Sie finden diese im Internet zum Beispiel deklariert als „Chicago Manual of Style" unter www.chicagomanualofstyle.org/.

Auf der Internetseite zu diesem Buch (budrich.de/erfolgreich-publizieren-das-buch) finden Sie eine Datei, die, angelehnt an diese amerikanische Zitation, eine Reihe von redaktionellen Regeln anspricht. Dazu unten mehr.

Im Grunde genommen ist es das zentrale Anliegen der Zitierweise, den Leser*innen möglichst rasch und einfach den Zugang zur zitierten Literatur zu gewährleisten. Während die traditionelle Zitierweise in den Fußnoten den Fließtext entlastet, bringt sie durch die kleinen Fußnotenstümmelchen, die sich ansammeln, insgesamt eine Erhöhung der Seitenzahl. In den Fußnoten findet sich häufig „op.cit." oder „a.a.O."

Die amerikanische Zitierweise hingegen kann den Lesefluss stören, wenn inmitten eines Satzes fünf oder sechs Referenzen angegeben werden. Handelt es sich zu allem Überfluss noch um unterschiedliche Werke von zwei oder drei Fachleuten, die gemeinsam gearbeitet haben, wirkt das Ganze irritierend.

Es gibt eine Reihe unterschiedlicher Zitationsprogramme, die beim Zitieren und der Verwaltung der verwendeten Literatur helfen. Häufig bieten Hochschulen ihren Studierenden und Mitarbeitenden an, diese Programme kostenlos zu nutzen. Es gibt aber auch Low-Cost-Varianten, die Sie sich selbst anschaffen können, ohne arm zu werden. Weit verbreitet sind Citavi und Endnote.

> Wie zitiert wird, ist zweitrangig; wichtig ist, dass im gesamten Buch einheitlich zitiert wird.

10.2   Redaktionelle Gleichmacherei

Es geht also darum, alles möglichst einheitlich zu präsentieren. Ein Manuskript sollte im Formalen die inhaltliche Einheit des Werkes widerspiegeln.

In den angloamerikanischen Verlagen ist es üblich, dass die Manuskripte neben Peer-Review-Verfahren (s. Kap. 8) von Verlagsseite intensiv durchgearbeitet werden. Eine Arbeitsweise, die jedoch nur dann Anwendung findet, wenn die Verkaufserwartungen entsprechend hoch sind, um den wirtschaftlichen Aufwand rechtfertigen zu können.

In deutschsprachigen Verlagen sind die Praxen unterschiedlich. Generell ist es jedoch wünschenswert, dass bereits bei Manuskripterstellung auf eine grundlegende Ordnung geachtet wird.

Abhängig vom jeweiligen Buchtyp sind zumindest die in Übersicht 10.1 skizzierten Dinge zu beachten.

Übersicht 10.1: Hinweise für Herausgeber*innen und Autor*innen

1. **Gliederung:** Dezimalklassifikation
    bei Readern innerhalb der Beiträge;
    bei Monografien innerhalb des Bandes.

Beispiel:

1.   Geschlecht
1.1   Männer
1.1.1 Arbeitslose Männer

2. **Anmerkungen/Fußnoten im Text:**
   durchgezählt (bei Readern je Beitrag, bei Monografien durch das Buch;
   bei vielen Fußnoten jedoch kapitelweise) und
   unter die jeweilige Seite.
   Auf ein Minimum reduzieren!
3. **Zitieren im Text: a**merikanisch; vor das jeweilige Satzzeichen.

Beispiel: (Budrich 2019: 122).

4. **Hervorhebungen** im laufenden Text: nur *kursiv;*
   längere Zitate, Beispiele usw. in kleinerer Schrift
   in einem eigenen Absatz.

5. **Literaturverzeichnis**

5.1 Eigenständige Veröffentlichung
   Familienname, Vorname (Jahr): Titel. Verlagsort: Verlag.

Beispiele:
Brücher, Gertrud (2004): Postmoderner Terrorismus. Zur Neubegründung von Menschen-
   rechten aus systemtheoretischer Perspektive. Opladen: Verlag Barbara Budrich.
Kron, Thomas/Schimank, Uwe (2004): Die Gesellschaft der Literatur. Opladen: Verlag
   Barbara Budrich.

5.2 Beitrag in Sammelwerken
   Familienname, Vorname (Jahr): Titel. In: Familienname, Vorname (Hrsg.): Titel. Verlagsort: Verlag, S. xx-xxx.

Beispiel:
Schimank, Uwe (2004): „Innere Freiheit" und „kleine Fluchten". In: Kron, Th./Schimank, U.
   (Hrsg.): Die Gesellschaft der Literatur. Opladen: Verlag Barbara Budrich, S. 201-244.

5.3 Beiträge in Zeitschriften:
   Familienname, Vorname (Jahr): Titel. In: Titel der Zeitschrift Jahrgang, Ausgabe, S. xx-xx.

Beispiel:
Luhmann, Niklas (1995): Kausalität im Süden. In: Soziale Systeme. Zeitschrift für soziologi-
   sche Theorie 1, 1, S. 7-28.

5.4 Unveröffentlichte Quellen, z. B.:

Dissertation:
Müller, Gustav (2013): Das Individuum. Diss. Dresden: Technische Hochschule/Psychologi-
   sche Fakultät.

Expertise:
Schmidt-Schulze, Michaela (2015): Zur Lage der Frauen. Expertise (unveröff.).

Forschungsbericht:
Kunz, Ewald (2000): Verwaltungs- und Gebietsreform. Forschungsbericht (unveröff.).

Manuskript:
Einstein, Albert (1919): Relative Skizze. Ms. (unveröff.).

6. Abbildungen/Grafiken:

Sie können Abbildungen/Grafiken direkt in Ihr Manuskript einbauen. Sie können uns zusätzlich separate Dateien zur Verfügung stellen.

Denken Sie daran, dass sich der Umbruch verändert, die Abbildungen/Grafiken mithin an andere Plätze kommen könnten; also Abbildungen/Grafiken nicht mit „wie folgende Abbildung zeigt:" o. Ä. einleiten!

7. Abkürzungen:

Abkürzungen, die aus zwei oder mehr Buchstabenkombinationen bestehen, werden pragmatisch ohne Leerschlag hinter dem jeweiligen Punkt geschrieben: z. B., u. a., a.a.O. (Der Duden verlangt hier Leerschläge! Diese werden bei professioneller Typografie enger „spationiert" – also mit weniger Abstand versehen – als gewöhnliche Leerschläge. Zudem müssen „geschützte" Leerschläge verwendet werden, damit die Abkürzungen nicht unansehnlich auf zwei Zeilen verteilt werden. Deshalb unser pragmatischer Vorschlag.) Auch zwischen Seitenzahlenangaben und f. bzw. ff. wird kein Leerschlag gelassen: S. 13ff., S. 123f.

8. Silbentrennung und Seitenumbrüche:

Wenn der Verlag die Formatierung vornimmt, bitte weder die Silbentrennung noch Seitenumbrüche bis ins Detail bearbeiten – es ändert sich ohnehin alles wieder! Machen Sie sich also damit so wenig Arbeit wie möglich!

Quelle: Eigene Darstellung.

Diese Übersicht finden Sie als Word-Datei auf der Internetseite dieses Buches (budrich.de/erfolgreich-publizieren-das-buch/) – Sie können sie gern Ihren eigenen Vorstellungen und denen Ihres Verlages entsprechend adaptieren.

Jede Zitationsweise hat also Vor- und Nachteile. Oftmals hat sich an Ihrem Institut eine Zitationsweise durchgesetzt. Prüfen Sie, ob Sie diese übernehmen wollen – oder gar müssen. Insbesondere bei Qualifikationsarbeiten haben etliche Institute Vorgaben, die auch die Zitation regeln.

Redaktionelle Einheitlichkeit lässt auf inhaltliche Kohärenz schließen – und umgekehrt. So ist es ratsam, auch hier Zeit und Sorgfalt zu investieren.

11 Tabellen, Abbildungen und Illustrationen mit einem kleinen Ausflug ins Recht

Tabellen, Abbildungen, Illustrationen können ein Manuskript auflockern und aus einer „Bleiwüste" ein anschauliches und unterhaltsames Buch machen. Allerdings legt der Buchtyp Gestaltungsgrenzen nahe: Eine Dissertation wird durch hübsche Karikaturen in der Regel nur teurer. Ein Forschungsbericht kommt zumeist gut ohne Karikaturen, nicht aber ohne Tabellen und Grafiken aus. Ein Lehrbuch möchte nicht mit Tabellen überfrachtet werden, könnte aber durch Illustrationen durchaus bereichert werden. Für eine Werkbiografie oder auch für einen Methodenband, der sich mit Bildinterpretationen beschäftigt, sind Fotos vermutlich unerlässlich.

Für eine gute Balance zwischen Text und grafischen Elementen sollten Sie sich mit Ihrer bzw. Ihrem zuständigen Lektor*in in Verbindung setzen. Oft genug wird die Dichte von Grafiken und Tabellen durch den eigentlichen Text vorgegeben. Allerdings gibt es die Möglichkeit, manche Tabelle oder Grafik in den Anhang zu verbannen und nur mit zentralen Zahlen und daraus entwickelten Aussagen zu hantieren. Ein solcher Anhang kann dann zur Entlastung des Buchumfangs (und der Kalkulation, sprich des Ladenpreises) ins Internet gestellt werden.

11.1 Technisches zu Grafiken

Grafiken einzusetzen ist oft notwendig und wünschenswert. Sie sollten allerdings zumindest ausreichend gut zu drucken sein. Als Mindestanforderung sollte gelten, dass alle notwendigen Unterscheidungen im Druck erkennbar sind. Manchmal ist es schwierig, sich die Wiedergabe einer farbigen Grafik in Schwarzweiß vorzustellen; manchmal wird die Qualität im Druck schlechter als die Qualität der Vorlage annehmen lässt. Im

Zweifel sollten Sie den Verlag fragen, ob die Qualität Ihrer Vorlagen für den Druck ausreicht.

Manches Mal bietet es sich an, die eine oder andere Abbildung aus dem Internet herunterzuladen. Abgesehen von der Rechtefrage, ist das nur dann eine gute Idee, wenn die Grafik sehr gut aufgelöst ist (mindestens 300 dpi in Originalgröße, also in der zu verwendenden Größe – wobei die Auflösung fürs Internet häufig genug bei 72 dpi liegt, um schnelle Ladezeiten zu ermöglichen). Alternativ könnte es eine sogenannte Strichgrafik sein, also eine Grafik, die auf unterschiedliche Farben oder Graustufen (also Grautöne) verzichtet und nur mit gleichfarbigen Linien arbeitet. Solche Grafiken sind in der Regel im Druck gut darzustellen.

Übersicht 11.1: Tabellengestaltung

Text	Rahmen
Arial (oder ähnlich) 8/10 pt (d.h. 8 pt Schriftgröße bei 10 pt Zeilenabstand).	So wenige Linien wie möglich; bitte keine „Gefängnisse"!
Die Schrift für Tabellen und Abbildungen darf von der Grundschriftart abweichen.	Je eine waagerechte Linie zum Absetzen des Tabellenkopfes bzw. zum Aufzeigen des Tabellenendes.
	Auf Wunsch weitere Abgrenzung durch Wechsel schattiert/nicht schattiert.

Quelle: Eigene Darstellung.

Wenn Sie eine wissenschaftliche Arbeit verfassen, ist die einfache grafische Umsetzung in ein Torten-, Balken- oder ähnliches Diagramm – vorzugsweise mit unterschiedlichen Rastern zur Unterscheidung – sicherlich ausreichend und kann mit der regulären Software ohne großen Aufwand erstellt werden. Manche Programme sind etwas eigenwillig, wenn Grafiken auf eine andere Größe umformatiert werden sollen; es bietet sich an, dies in einem frühen Stadium mit dem Verlag zu besprechen. In unserem Hause werden mit PowerPoint erstellte Grafiken ganz gern genommen und alles, was bereits in PDF oder den Grafikformaten gif, jpg oder tif in guter Qualität verfügbar ist.

Für Lehr- und Studienbücher und Bücher, die ans wissenschaftliche Sachbuch grenzen, und überhaupt für alles, was über den inneren Zirkel der Scientific Community hinausgeht, spielt Ästhetik eine größere Rolle.

Da kann es sich lohnen, bei professionellen Unternehmen nach geeigneten und kostenpflichtigen Grafiken und Schaubildern zu fragen.

Tabellen können den Text sinnvoll ergänzen, und es gibt viele Gelegenheiten, bei denen Tabellen einen großen Zusatznutzen bieten. Unseren Vorschlag zur Tabellengestaltung finden Sie in Übersicht 11.1.

Allerdings gibt es noch mehr Gelegenheiten, bei denen Tabellen eher verwirren als verklaren. Wenn im Haupttext Zelle für Zelle die gesamte Tabelle paraphrasiert wird, ist der Nutzen dieser Art von Datenpräsentation fraglich. Eine (selbst)kritische Auswahl ist sowohl bei Tabellen als auch bei allen Arten von Abbildungen vonnöten. Am besten wirft ein Dritter einen Blick drauf, jemand, der oder die nicht mit Herzblut an jedem Detail hängt und der oder dem Sie als Autor*in vertrauen.

Grafische Ergänzungen zum Text sollten sorgfältig ausgewählt, übersichtlich und qualitativ wie ästhetisch angemessen sein. Als Faustregel mag gelten: alle 1,5 Seiten eine Auflockerung in den Text einbauen – das muss keine Abbildung sein; eine (Zwischen-)Überschrift reicht aus.

11.2 Rechtliches: Rechte und Lizenzen

Wenn Sie einen wissenschaftlichen Text schreiben, schreiben Sie nicht im luftleeren Raum. Sie beziehen sich auf Gedanken anderer Autor*innen, manches Mal sind Sie in der Situation, dass Sie deren Texte analysieren und interpretieren. Bei anderen Gelegenheiten benutzen Sie Fotos, um Ihren Gegenstand zu veranschaulichen, oder Sie verwenden Grafiken, die Sie aus der Veröffentlichung anderer Autor*innen entlehnt haben.

Bei der Verwendung von Materialien – Text oder Bild – anderer Urheber*innen sind die engen Grenzen des Urheberrechtsgesetzes zu beachten – oder die Vorgaben der jeweils geltenden CC-Lizenz.

Es gibt für die Verwendung von Texten keine genaue Vorgabe, bis zu welcher Länge ein Text als „Zitat" gilt und damit genehmigungsfrei verwendet werden kann, bzw. ab welcher Länge eine Genehmigung des Urheberrechtsinhabers eingeholt werden muss. Geht ein Zitat über eine halbe Seite hinaus, erscheint es allerdings notwendig, eine Abdruckgenehmigung einzuholen.

Sollte der Autor, die Autorin jedoch bereits siebzig Jahre oder länger verstorben sein, wird der Text „gemeinfrei", d.h., Sie können auch längere Passagen ohne Probleme verwenden. Aber natürlich nur bei korrekter Quellenangabe.

Die Regelungen für CC-Lizenzen, die für Texte wie für Bilder und weiteres Material gelten, lesen Sie auf der Internetseite der Creative Commons (creativecommons.org) nach. Die CC-0-Lizenz, bei der es auch erlaubt wäre, keine*n Urheber*in anzugeben, ist nach geltendem Recht (Stand Juni 2019) in Deutschland nicht zulässig. Im Wissenschaftskontext wollen Sie ohnehin die Quelle und damit die jeweiligen Verfasser*innen angeben.

Bei Bildern gibt es ebenfalls eher „schwammige" Vorgaben im Urheberrecht – in der Regel heißt es, dass ein Bild keinesfalls mehr als eine halbe Seite einnehmen darf, um als „Zitat" gewertet zu werden. Allerdings gilt diese Regel nicht stoisch: Wenn die Funktion, die das Bild hat, eine größere Darstellung erfordert, dann ist auch dies möglich, ohne den Status des Zitats zu verlieren. Das Bild darf jedoch nicht rein dekorativen Zwecken dienen – sonst wäre es kein „wissenschaftliches Zitat" mehr. Und wenn Sie sich nicht sicher sind, ob Sie diesen oder jenen Text oder dieses Foto und in welcher Größe verwenden dürfen, ohne sich strafbar zu machen? Dann fragen Sie Ihren Verlag.

Wenn Sie zu dem Schluss gekommen sind, dass Sie Text und Bild als wissenschaftliches Zitat einsetzen können, ohne die Rechte anderer damit zu verletzen, dann müssen Sie lediglich die Regeln des richtigen Zitierens (s. Kap. 10) anwenden.

Wenn Sie aber zu dem Schluss kommen, dass Sie eine Genehmigung einholen sollten, dann sind Sie vielleicht fertig: Geben Sie Ihrem Verlag eine genaue Aufstellung der verwendeten Materialien – der Rest wird dort erledigt. Oder nicht? Häufig übernimmt der Verlag das Einholen dieser Nachdruck- und Nutzungsrechte; oft genug müssen aber die Autor*innen selbst für die Lizenz- oder Nutzungsgebühren aufkommen. Und das kann teuer werden. Die Nachdruckrechte werden beim Inhaber der Urheberrechte eingeholt – bei Material aus Büchern ist dies häufig der jeweilige Verlag; beim Einholen der Nutzungsrechte (normalerweise nur für Bilder etc., da Texte neu abgeschrieben werden, während Bilder von vorhandenen Vorlagen reproduziert werden) sind die Inhaber nicht selten Bibliotheken, Archive usw. Es gibt dann also ein zweistufiges Einholen von Rechten: Das Recht der Reproduktion vom Urheber, das Recht, eine vorhanden Vorlage zu nutzen, von einem Archiv o.Ä. Eine Seite aus einem Buch kann von wenigen Euro bis zu hunderten US-Dollar kosten – bei den internationalen Verlagen werden häufig kräftige Gebühren verlangt. Sie sollten sich also ggf. eine Alternative zum Nachdrucken langer Textquellen ausdenken. Schließlich soll Ihr Buch ja auch insgesamt bezahlbar bleiben; und wenn schon allein die Nachdruck- und Nutzungsgebühren große Geldbeträge verschlingen, dann wird das ganze Projekt über die Maßen teuer.

Beim Abdruck von Kunstwerken wird es übrigens häufig besonders teuer. In der Regel kann man davon ausgehen: Je bekannter der oder die Künstler*in, desto teurer. Dennoch wird häufig darüber nachgedacht, zum Beispiel ein Kunstwerk auf den Buchumschlag zu stellen. Dabei muss bedacht werden, dass eine vierfarbige Darstellung kostspieliger ist als eine schwarzweiße. Die Größe der Reproduktion spielt eine Rolle und die Auflagenhöhe des Buches. Wenn Sie sich vorab informieren wollen, wie teuer ein von Ihnen geschätzter Künstler gehandelt wird, können Sie das meistenteils von der Verwertungsgesellschaft Bild-Kunst in München (www.bildkunst.de) erfahren, die viele Künstler*innen vertritt – oder den Weg zu den einschlägigen Agenturen zeigen kann.

Übrigens sollten Sie auch bei der Gestaltung Ihres Internet-Auftritts darauf achten, keine Urheberrechte zu verletzen. Es gibt Anwälte, die sich darauf spezialisiert haben, „schwarze Schafe" auszumachen; im Fall eines Verstoßes werden saftige Gebühren fällig!

Es gibt noch einen Punkt, auf den Sie bei der Verwendung von Fotos und Interviewmaterial achten müssen: die Persönlichkeitsrechte. Wenn Sie auf einem Foto den Sohn Ihres Nachbarn ablichten, wie er gerade mit Steinen nach einer Ente schmeißt, und dies als Beleg für „abnormes Verhalten im frühen Schulalter" einsetzen, könnte es sein, dass Ihr Nachbar Ihnen das übelnimmt. Wenn er daraus Konsequenzen zieht, kann dies unangenehm und teuer werden. Im Extremfall muss das Foto geschwärzt werden, was unnötige Kosten verursacht und nicht eben verschönernd wirkt, und es könnten Forderungen nach Schmerzensgeld auf Sie zukommen (übrigens auch Forderungen von Ihrem Verlag). Ähnliches gilt für Zitate aus Interviews, die Sie Personen entlockt haben, die nichts davon wussten, dass sie sich in einem Buch wiederfinden werden, die nicht damit einverstanden waren oder denen Sie versprochen hatten, sie seien nicht identifizierbar – und sich dann mit vollem Namen und korrekter Adresse im Anhang Ihrer Veröffentlichung wiederfinden.

Bei allen Detailfragen zu Rechtlichem können Sie sich entweder selbst einen Anwalt suchen oder – häufig billiger – Ihren Verlag bitten, die Voraussetzungen für Sie zu klären. Ich habe Ihnen hier nur ein paar Grundlagen aufgezeigt und Beispiele genannt: Wie in allen Rechtsbereichen gibt es Kniffliges, Ausnahmen und Tricks – und sind meine Ausführungen nicht rechtsverbindlich.

Bei der Verwendung von Materialien Dritter (Text und Bild) müssen die Grenzen des Urheberrechtsgesetzes bzw. die Vorgaben der Creative Commons und möglicherweise Persönlichkeitsrechte respektiert werden.

11.3 Plagiat und Selbstplagiat: alles schon mal dagewesen

Seit ein beliebter Minister über seine merkwürdige Dissertation gestolpert ist, hat das Thema Plagiat in Kreisen der schreibenden Wissenschaft Konjunktur. Viele, vor allem jüngere Wissenschaftler*innen, sind in Sorge, dass ihr Text „irgendwie" ein Plagiat oder Selbstplagiat sein könnte. Die Begriffe sind unklar, das Verständnis diffus, die Folgen horrend – der Stoff aus dem die Ängste sind.

Wann ist ein Plagiat ein Plagiat? Wenn das Zitat nicht als solches gekennzeichnet ist. Und wie ist das mit dem Selbstplagiat? Genauso: Sie geben wortwörtlich wieder, was Sie bereits anderweitig veröffentlicht haben, ohne dies kenntlich zu machen.

Ob Sie die Worte eines Dritten oder Ihre eigenen Worte peinlich genau wiedergeben und nicht belegen, woher das Original stammt, spielt keine Rolle: Beides ist Plagiat.

Die Dissertation von nunmehr Ex-Minister zu Guttenberg war offenbar zu großen Teilen aus anderen, bereits veröffentlichten und von anderen verfassten Werken entlehnt. Und leider fehlten die Anführungszeichen ebenso wie die korrekten Quellenangaben. Neben schlampigem wissenschaftlichen Arbeiten ist dies zudem nicht rechtens: der Versuch, sich mit fremden Federn zu schmücken.

Es ist in Deutschland übrigens verboten, Dritte mit der Erstellung der eigenen Dissertation zu beauftragen. Während es noch in Ordnung ist, eine*n Lektor*in dafür zu bezahlen, ein Stil-Lektorat und Korrektorat vorzunehmen, ist es nicht in Ordnung, einen Ghost Writer zu beauftragen. Wobei mir zuletzt zugetragen wurde, dass selbst Lektorat schon dem Gebot des „selbstständig und allein erstellt" zuwiderlaufen könnte. Ich halte dies für ein Gerücht – möchte Sie des ungeachtet ermutigen, die Praxis an Ihrer Hochschule zu prüfen, damit Sie auf der sicheren Seite sind.

Im Grunde ist es allen wissenschaftlich Arbeitenden bekannt, dass Zitate ordentlich gekennzeichnet werden müssen. Dass der eigene Text jedoch ebenfalls ein vom Autor oder der Autorin quasi unabhängiges rechtliches Eigenleben zugesprochen bekommt, sobald er veröffentlicht oder auch als graue Literatur „aktenkundig" geworden ist, ist nicht ganz so bekannt. Es ist jedoch nicht verboten, die eigenen Gedanken weiterzudenken, sich weiterhin mit dem zuvor bearbeiteten Thema zu befassen und eigene Texte in Überarbeitung erneut anderweitig zu verwenden. Inwieweit dies für Leser*innen zu einer Zumutung wird und wann es Ihrer Reputation mehr nutzt oder schadet, Teile zu recyceln, ist eine andere Frage.

Sollten Sie versucht sein, wortwörtlich zu zitieren und Ross und Reiter ungenannt zu lassen, seien Sie gewarnt: Die Plagiatssoftware wird immer besser ... Zudem: Sollten Sie je zu Ruhm und Ehre kommen, dürfen Sie damit rechnen, dass es Menschen gibt, die ausreichend Zeit zur Verfügung haben und es sich zum Hobby machen, Ihre Meriten erneut zu überprüfen.

Fazit: Wenn Sie bei korrekter wissenschaftlicher Zitation bleiben – ob aus Ihrem eigenen oder aus fremden Texten – brauchen Sie sich wegen Plagiatsverdachts keine Sorgen zu machen.

12 Verzeichnisse und Register

Verzeichnisse – Inhalts-, Abbildungs-, Tabellen-, Abkürzungs- und Literaturverzeichnisse – sowie Register – Namen-, Sach- und Ortsregister – dienen der Erschließung des Inhalts.

Es ist Standard, dass jedes Buch ein Inhaltsverzeichnis enthält, wobei in den weitaus meisten Fällen das Inhaltsverzeichnis am Anfang des Buches zu finden ist. Möglich ist auch, vorn ins Buch eine Inhaltsübersicht zu stellen, die nur die Hauptteile und Großkapitel enthält. Das eigentliche Inhaltsverzeichnis findet sich in diesen Fällen am Ende des Buches, manchmal je Kapitel am Kapitelanfang. Die Organisation des Inhaltsverzeichnisses richtet sich nach der Gliederung des Manuskripts. Es gibt keine Verpflichtung, jeden einzelnen Unterpunkt akribisch im Inhaltsverzeichnis aufzuführen. Je nach Dichte der Untergliederung wird man über die dritte oder vierte Hierarchiestufe hinaus die Kleinstüberschriften möglicherweise nicht mehr aufnehmen. Hier wie überall sollte bedacht werden, wem das Verzeichnis nutzen soll.

Bei einem Zeitschriftenaufsatz können Sie sich an den bereits vorliegenden Ausgaben der Zeitschrift orientieren: Häufig wird auf ein Inhaltsverzeichnis für den einzelnen Beitrag verzichtet, dafür ist aber eine Zusammenfassung notwendig, die vor den Aufsatz gestellt wird, häufig auch ein englischsprachiges Abstract sowie deutsche und englische Schlagwörter. Klären Sie mit der Redaktion, wer den englischen Text verfasst und ob eine muttersprachliche Überprüfung erfolgt.

Abbildungs- und Tabellenverzeichnisse werden notwendig, wenn mehrere Abbildungen und Tabellen nachgewiesen werden müssen. Die offizielle Regelung lautet: ab drei und mehr. Insbesondere bei Forschungsmonografien bietet es sich an, die Tabellen und Abbildungen auf diese Art nachzuweisen, damit Interessierte die einzelnen Tabellen oder Grafiken direkt aus dem Verzeichnis heraus ansteuern können.

Gibt es in dem Buch eine Vielzahl von Fotografien oder Gemälden, kann ein Quellenverzeichnis erstellt werden. Das Quellenverzeichnis gibt unter Nennung der Seitenzahlen an, von welchen Künstler*innen oder

Fotograf*innen die Bilder stammen oder aus welchen Werken sie entnommen wurden bzw. wer die Verwendung genehmigt hat.

Ein Literaturverzeichnis ist eine Selbstverständlichkeit für jeden Fachtext. Bei der Bewertung eines Manuskripts wird von Gutachter*innen und Lektor*innen oft zunächst das Literaturverzeichnis angeschaut: Ist es sorgfältig gearbeitet? Enthält es die zentralen Werke? Ist die Literatur aktuell? Werden in englischsprachigen Texten englischsprachige Quellen verwendet? Antworten auf diese Fragen können zu einer Vorentscheidung führen, ob der Text weitere Prüfung verdient. Die Gestaltung des Literaturverzeichnisses ist über die jeweiligen Fachstandards geregelt. Im Zusammenhang mit der Zitierweise hatten wir die Gestaltung oben bereits diskutiert (vgl. Kap. 10).

Wie schon angesprochen, werden in den USA und teils auch in Großbritannien Bücher, die kein Register enthalten, von den einschlägigen Bibliotheken nicht angeschafft. Von deutschsprachigen Bibliotheken sind mir derartige Gepflogenheiten nicht bekannt. Sicher ist aber, dass ein Register bei der Erschließung des Inhalts von Nutzen sein kann. Ist ein Buch ohnehin alphabetisch aufgebaut – beispielsweise ein Lexikon oder Wörterbuch –, kann ein Index durchaus überflüssig sein. Sind aber in einem Handbuch Oberbegriffe alphabetisch angeordnet, können viele Begriffe und Namen in den einzelnen Einträgen enthalten sein, sodass ein weitergehendes Erschließen des Inhalts durch ein Sach- bzw. Personenregister angezeigt sein kann.

Für Forschungsarbeiten ist ein Register zumeist erlässlich, da sich die einschlägig Interessierten weniger um die enthaltenen Schlagworte kümmern als um die relevanten Forschungsergebnisse.

Anders verhält es sich mit Lehrbüchern, bei denen ein Register eine zusätzliche Hilfestellung für die Lernenden darstellen kann.

Die technische Erstellung eines Registers war in früheren Zeiten, bevor die entsprechende Software die Arbeit übernehmen konnte, ein zeitintensives Unterfangen: Zumeist wurde das Register in drei Schritten erstellt. Zunächst wurden im fertig layouteten Text die einschlägigen Begriffe markiert. In einem zweiten Schritt wurde für jeden Begriff eine eigene Karteikarte angelegt und für jede Fundstelle wurde die entsprechende Seitenzahl auf der Karte vermerkt. Am Schluss wurde aus diesem Karteikartenmanuskript das Register abgetippt.

Mit der Unterstützung von Computern ist die Registererstellung weit einfacher geworden. Entsprechende Tools als Teil der gängigen Software helfen, Register zu erstellen. Markierte Begriffe können rasch in ein Registermanuskript eingearbeitet werden und schleppen ihre jeweiligen Fundstellen als Seitenzahlen automatisch mit sich. Bei dieser Vorgehensweise muss die Markierung der Begriffe direkt mit Fachverstand vorgenommen werden; bei gestaffelten Registern muss erst recht mit großer Sorgfalt gearbeitet werden: Hier müssen Unter- oder Oberbegriffe von Hand eingegeben werden. Wiederum ein arbeitsintensiver Prozess – aber weit weniger aufwändig als noch anno Tobak.

Alternativ kann dem Rechner eine Liste der entsprechenden Namen oder Begriffe als Datei eingegeben werden. Die auf der Liste geführten Begriffe werden durch Eingabe des entsprechenden Befehls automatisch von der Software im Text markiert, und daraus kann das Register erstellt werden. Dies ist das Rohmanuskript, dem allerdings die Staffelung in die Tiefe fehlt und das darüber hinaus die Schwäche besitzt, jedwede Fundstelle zu markieren. Möglicherweise heißt in einem Buch zur Einführung in die Erziehungswissenschaft ein Kapitel „Bildung". In diesem Kapitel braucht man keine Einträge zu „Bildung", allerhöchstens einen fett markierten, der das komplette Kapitel entsprechend bezeichnet. Zusammengesetzte Begriffe können solche Tools nicht automatisch erfassen, flektierte Formen werden nicht gefunden und wenn ein Nachname wie „Otto" verschlagwortet werden soll, dann werden natürlich auch alle Vornamen „Otto" vom Programm erfasst. Nachnamen wie „Müller" werden nicht automatisch mit den korrekten Vornamen oder Initialen versehen. Es ist also unbedingt notwendig, diese Register zu überarbeiten – was fast noch einmal so viel Arbeit ist wie seinerzeit die Geschichte mit den Karteikarten.

Verzeichnisse und Register sind für manche Publikation unabdingbar. Ihre Struktur sollte sich leicht nachvollziehen lassen, und sie sollten den Leser*innen als Hilfe zur besseren und schnelleren Erschließung des Textes dienen.

13 Grundregeln der Typografie

Heutzutage ist es keine Seltenheit, dass die Formatierung, also die Vorlagenerstellung, von den Autor*innen und Herausgeber*innen vorgenommen wird. Es beeinflusst die Gesamtkalkulation, ob ein Verlag unter Umständen mehrere hundert oder gar tausend Euro für die Formatierung des Buches bezahlen muss oder nicht. Die Formatierung dürfte in der Regel professioneller sein, wenn der Verlag sich darum kümmert – von Fachleuten auf Autor*innenseite mal abgesehen –, und sie dürfte weniger gut sein, wenn der Autor oder die Autorin sie selbst machen (müssen). Es ist also ein Abwägen zwischen Form und Kosten. Bei Lehrbüchern ist die Form häufig wichtiger, bei Forschungs- und Qualifikationsarbeiten dürfte die entlastete Kalkulation das Vordringliche sein.

Mit anderen Worten: Eine Dissertation oder Forschungsmonografie ist tendenziell eher von Autor*innen formatiert, ein Lehr- oder großes Handbuch eher vom Verlag.

13.1 Der Verlag erstellt die Vorlage

Wenn Ihr Manuskript nach den letzten Lektoratsdurchläufen in die Herstellungsabteilung gehen soll, sind im Anschluss keine weiteren inhaltlichen Arbeiten mehr geplant. Wirklich: gar keine weiteren. Also auch keine letzten Aktualisierungen des Literaturverzeichnisses, keine Veränderungen in der Dramaturgie – sodass etwa der Absatz 1 von S. 55 auf S. 48 nach Absatz 3 eingefügt werden soll oder die Abbildung von S. 268 auf S. 15 verschoben werden muss. Und ganz sicher keine größeren stilistischen Überarbeitungen, nach denen alle einfachen Anführungsstriche plötzlich durch französische ersetzt werden oder die Zitate in indirekte Rede umgeformt werden sollen. All das sollte erledigt sein, bevor das Manuskript in die Herstellungsabteilung weitergereicht wird.

Bei der Publikation von Forschungsliteratur ist es nicht ungewöhnlich, dass der Verlag wenig Lektoratsarbeit anbietet. Sollte Ihnen nicht klar sein, wer das Manuskript Korrektur liest – sich also um Orthografie und Interpunktion kümmert –, sollten Sie dies mit dem Verlag frühzeitig besprechen. In den Sozial- und Geisteswissenschaften ist es heute häufig Standard, dass dies von den Autor*innen erledigt wird. Wobei die Abgabe eines sorgfältig geschriebenen und korrigierten Manuskripts selbstverständlich ist (hoffentlich).

Ist mit dem Verlag vereinbart, dass Sie Ihr Manuskript unformatiert einreichen, der Verlag die Formatierung übernimmt, sollten Sie folgende Dinge beachten (siehe auch Übersicht 10.1):

Da die Datei auf einem anderen Rechner als dem Ihren vermutlich mit anderer Software weiterverarbeitet wird, andere Schriften, andere Auszeichnungen (Hervorhebungen) und andere Größenverhältnisse zum Einsatz kommen als bei Ihrem Manuskript, ergeben sich daraus neue Zeilen- und Seitenumbrüche. Also sollten Sie zum Beispiel beim Einfügen von Grafiken und Tabellen bedenken, dass diese bei der Druckvorlage an andere Stellen gerückt werden könnten, als Sie dies im Manuskript vorgegeben haben. Möglicherweise müssen sie ein oder zwei Seiten nach vorn oder hinten gestellt werden, um zu verhindern, dass Seiten „spitz", also nicht ganz gefüllt, werden. Eine Tabelle oder Grafik sollte aus diesem Grund nicht mit einem Doppelpunkt eingeleitet werden; günstiger ist es, auf die Tabelle oder Grafik mit eindeutiger Nummerierung zu verweisen, um eine etwas flexiblere Positionierung zu ermöglichen.

Darüber hinaus sollte nicht allzu viel Arbeit und Sorgfalt auf die korrekte Seitenfüllung, Absatzgestaltung und Silbentrennung etc. gelegt werden. Bei der Konvertierung von Textverarbeitungs- in Layout-Programme kann es passieren, dass aus weichen Trennstrichen (in Word zu aktivieren durch gleichzeitiges Drücken von - und Strg) ein fester Bindestrich wird. Das führt zu zusätzlicher Arbeit bei den Korrekturgängen. Umgekehrt passiert es übrigens auch, dass Bindestriche bei derartiger Konvertierung von der Software gelöscht werden. Da hilft nur aufmerksames Korrekturlesen.

Ein weiterer Punkt, den es zu bedenken gilt, sind Strukturierung und Didaktisierung:

Für gleichartige Phänomene wie Zitate, Merksätze, Tabellenüber- und Bildunterschriften sollten nach Möglichkeit immer die gleichen typografischen Elemente verwendet werden, also die gleiche Schriftart, -größe, Hinterlegung, Kästen mit gleichem Rahmen usw. Wenn Sie diese

Dinge im Manuskript vorbereiten, versuchen Sie, diese didaktischen Elemente möglichst eindeutig zu markieren und einheitliche Formatvorlagen zu verwenden – wenn Sie diese Technik problemlos beherrschen. Im Zweifel ist es hier angebracht, mit dem Lektorat und der Herstellungsabteilung des Verlages zu besprechen, auf welchem Wege Fehlerquote und Arbeitsaufwand möglichst gering gehalten werden können.

> Manchmal ist es nicht einfach, das Manuskript wirklich aus der Hand zu geben. Tun Sie's dennoch, wenn Sie fertig sind. Wenn es zur Korrektur wieder bei Ihnen eintrifft, sollten Sie keine stilistischen Korrekturen mehr vornehmen.

13.2 Die Autor*innen erstellen die Vorlage

Die meisten Verlage erwarten eine PDF-Datei, wenn sie von einer Vorlage sprechen. Natürlich nicht „irgendeine" PDF-Datei, sondern eine, die nach den Regeln und Vorgaben des Verlages gestaltet ist.

Die Hilfe des Verlages für die Autor*innen zur Erstellung einer solchen Vorlage reichen dabei von Formatvorlage-Dateien bis zu Katalogen mit Vorschriften. Dabei gehen die meisten deutschsprachigen Verlage der Sozial- und Geisteswissenschaften davon aus, dass die Autor*innen zur Formatierung mit Word arbeiten. Unabhängig von der eigenen Einstellung zu großen Software-Unternehmen entspricht dies einfach der gängigen Praxis an den Hochschulen. Wenn Sie sich mit Layout-Programmen auskennen und bei der Erwähnung von Word als Typografie-Programm nur verächtlich schnauben, können Sie mit großer Wahrscheinlichkeit auf die folgenden Ausführungen verzichten. Oder Sie sind in der Lage, diese Erläuterungen auf die jeweilige Software Ihrer Wahl umzumünzen.

In Übersicht 13.1 finden Sie einige solcher Vorschriften und Vorgaben eines beinah zufällig ausgewählten Verlages. Sollten Sie sich für Typografie begeistern und mehr zum Thema wissen wollen, finden Sie anregend gestaltete und auch für Einsteiger*innen aufbereitete Grundlagen bei Willberg und Forssman (1999 und 2010).

1. Überschrift 1: 14 Punkt (pt) Schriftgröße/15 pt Zeilenabstand. Hängender Einzug, 18 pt danach

1.1 Überschrift 2: 12 pt Schriftgröße/13 pt Zeilenabstand. Fett, 30 pt davor, 18 pt danach

1.1.1 Überschrift 3: 11/12 pt kursiv, 18 pt davor, 12 pt danach

Überschrift 4: 10/11 pt gewöhnlich, 12 pt davor, 12 pt danach

StandardOE: 10/11 pt gewöhnlich, kein Erstzeileneinzug (immer nach Überschriften, Abbildungen, Tabellen, Leerzeilen etc.)

Standard: 10/11 pt gewöhnlich, Erstzeileneinzug 0,5 cm; Fußnotenziffern im Text[1]

• Aufstellung: in Grundschrift oder

• Aufstellungpetit: 8,5/9,5 pt, hängender Einzug jeweils 0,5 cm.

Zitate: 8,5/9,5 pt, je eine halbe Leerzeile davor und danach (bereits im Druckformat enthalten).

Halbezeile: eine halbe Leerzeile jeweils vor Aufzählungen, Schriftänderungen (Zitaten etc.) u.ä.

Halbezeile nach: eine halbe Leerzeile jeweils nach Aufzählungen, Schriftänderungen (Zitaten etc.) u.ä.

Literaturverzeichnis: 9/10 pt, hängender Einzug 0,6 cm; ob Verlagsangaben gemacht werden oder nicht, ist Ihnen überlassen; nur einheitlich sollte es sein! Bitte Autor*innennamen nicht hervorheben – der hängende Einzug ist Hervorhebung genug. Bitte keine Leerzeilen zwischen den einzelnen Absätzen!

---

1 Fußnoten auf der Seite: 8/9 pt, hängender Einzug: 0,6 cm. Leider stellen viele Textverarbeitungsprogramme die Fußnotenziffer in der Fußnote hoch – das sollte nach Möglichkeit manuell geändert werden! Bitte in keinem Falle Leerzeilen zwischen die Fußnotenblöcke!

> Wenn zwei oder mehr Überschriften aufeinanderfolgen, fällt der Abstand vor der jeweils folgenden Überschrift weg.
>
> Inhaltsverzeichnis Monografie: Für automatisch erstellte Inhaltsverzeichnisse sind die Formatierungen für drei Ebenen voreingestellt.
>
> Inhaltsverzeichnis Sammelband: Die Formatierungen müssen manuell zugewiesen werden. Nach dem Titel bitte immer einen Tabstopp und die Seitenzahl einfügen.
>
> *Name*
> Titel 2

Quelle: © *2015 Verlag Barbara Budrich.*

Auf der Internetseite zu diesem Buch finden Sie weitere Hinweise zur Formatierung: https://budrich.de/erfolgreich-publizieren-das-buch/.

> Typografie ist ein Handwerk und eine Kunst. Autor*innen sollten versuchen, sich möglichst präzise an die Vorgaben des Verlages zu halten und darauf vertrauen, dass der Verlag ausreichend Erfahrung in ästhetischen und Stilfragen hat.

14 Korrigieren

14.1 Korrekturläufe

Als Korrekturläufe bezeichnen Verlagsleute – insbesondere die Fachleute aus der Herstellungsabteilung – das Hin- und Hersenden von formatiertem Skript aus der Herstellungsabteilung an die Autor*innen oder Herausgeber*innen.

Selbstverständlich kann es auch aus dem Lektorat bereits einen oder mehrere Korrekturläufe gegeben haben, wenn das Manuskript dort gesichtet, kommentiert oder korrigiert wurde und Ihnen als Autor*in oder Herausgeber*in die Veränderungen zur Autorisierung vorgelegt werden. Oder auch zur Weiterbearbeitung. Schreibt nämlich das Lektorat interessante Kommentare an den Rand wie „unverständlich" oder „bitte erläutern" oder gar „so nicht nachvollziehbar, bitte Argumentation stringenter", dann wird in der Regel erwartet, dass Sie sich dieser Kommentare aktiv annehmen, sich also überlegen, ob Veränderungen möglich sind. Schreiben ist ein Prozess, der durch Neuschreiben bereichert werden kann. Ein Text kann und sollte verändert und häufig gekürzt werden. Kürzungsvorschläge führen oft zu einer größeren Dichte des Textes. Doch befinden wir uns bereits an einem Punkt im Produktionsprozess, wo inhaltliche und redaktionelle Fragen dieser Art längst erledigt sind.

Wenn Sie selbst die Vorlage erstellt haben, gibt es diese Art der Korrekturläufe nicht: Das, was Sie dem Verlag abliefern, ist das Endgültige, die Vorlage für den Druck – es sind also keine weiteren Korrekturen vorgesehen (außer denen, die der Verlag ggf. für notwendig erachtet mit Blick auf die Formatierung).

Wenn der Verlag aus Ihrem Manuskript die Vorlage erstellt, sind Korrekturläufe enorm wichtig. Sprechen wir über einen Sammelband, ist es zumeist angeraten, die einzelnen Beiträger*innen in einen ersten Korrekturlauf einzubeziehen. Jeder Autor, jede Autorin bekommt den eigenen Beitrag oder die eigenen Beiträge zugesandt, um darin in erster Linie folgende Aspekte zu überprüfen:

1. Ist dieser Text die richtige Version meines Beitragsmanuskripts? Oder hat sich auf dem Weg zwischen Autor*in, Herausgeber*innen und Verlag eine alte Version hinein gemogelt?
2. Ist der Text vollständig? (Wissen Sie, wie einfach man einzelne Absätze löschen kann ...?)
3. Sind alle Abbildungen, Tabellen enthalten? In der richtigen Version? Mit allen dazugehörigen Informationen (Quelle, Copyright-Vermerk)?
4. Gibt es eine Kopfzeile? Ist die durchgehend korrekt?
5. Sind alle Zitate an der richtigen Stelle und als Zitate erkennbar? Sind die Überschriften entsprechend formatiert und in der korrekten Hierarchie zueinander? Fußnoten, Literaturangaben etc.pp.
6. Stimmt die Silbentrennung?
7. Gibt es noch letzte kleine Fehler?

Für Autor*innen eigener kompletter Bücher oder Zeitschriftenaufsätze sind diese Fragen analog zu stellen.

Während Autor*innen von Sammelbänden nur den jeweils eigenen Beitrag zur Durchsicht und Korrektur erhalten, wird Herausgeber*innen in der Regel vom Verlag das komplette Werk zugesandt. Die einzelnen Autor*innen bekommen eine Terminvorgabe, bis wann sie die Bearbeitung an den Herausgeber oder die Herausgeberin weiterleiten sollten. Als Herausgeber*in haben Sie die Aufgabe, etwaige Korrekturen zu kollationieren, d.h. die Korrekturen der Autor*innen in Ihre eigene Korrekturvariante einzuarbeiten. Besonderes Augenmerk ist darauf zu legen, dass keine „Verschlimmbesserungen" durchgeführt werden, Autor*innen also zum Beispiel Vereinheitlichungen des Ganzen rückgängig zu machen suchen. Deshalb ist es so wichtig, dass nicht jeder Beitrag ausschließlich dezentral durchgesehen wird, sondern eine „übergeordnete Instanz" – hier also der oder die Herausgeber*in – das große Ganze im Blick behält.

Meist gibt es zwei Korrekturläufe: einen ersten Durchlauf, um die oben genannten Punkte abzuarbeiten, einen zweiten, um die korrekte Umsetzung dieser Korrekturen zu überprüfen. Bei Sammelwerken entfällt der zweite Versand an die Einzelnen – die zweite Runde geht in der Regel nur an die Herausgeberin oder den Herausgeber. Häufig dient bei dieser zweiten Runde die Korrekturvorgabe der ersten Runde als Orientierung – so kann genau nachvollzogen werden, ob Korrekturen angemerkt und ausgeführt wurden.

Die dritte und letzte Korrekturrunde – und natürlich weitere, falls nötig – wird häufig im Verlag selbst durchgeführt. Diese letzte Revision oder letzten Revisionen beinhalten neben dem Überprüfen, ob die Korrekturen der zweiten Runde ausgeführt wurden, noch weitere generelle Prüfschritte – etwa die Stimmigkeit von Verzeichnissen, letzte Überprüfung von Kopf- und Fußzeilen, von Seitenzählungen, Positionierung etwaiger Marginalien usw.

> Denken Sie bei Korrekturen an die Bearbeiter*innen – die sind häufig nicht vom Fach und können mit Fragezeichen und Kommentaren nichts anfangen.

14.2 Korrekturzeichen (auf Papier)

Der Duden hält auch für den Korrekturbereich Regeln zur Vereinheitlichung bereit: Im Rechtschreib-Duden finden Sie die Korrekturzeichen aufgelistet.

Bei Korrekturen auf Papier ist nicht entscheidend, ob Sie ein korrektes „Deleatur" malen können oder die vorgeschriebenen Zeichen für „Leerzeichen einfügen" bzw. „Buchstabe umdrehen" (diese „Zwiebelfisch" genannten Fehler gibt es nur im Bleisatz, sie sind also heute nahezu verschwunden) verwenden. Es geht um das Prinzip, möglichst übersichtlich und nachvollziehbar zu arbeiten – ein Laie für den jeweiligen wissenschaftlichen Bereich muss die Korrekturen verstehen und einarbeiten können. Erfinden Sie gern Ihre eigenen Korrekturzeichen – solange Sie sie nachvollziehbar im Text einsetzen und am Rande so wiederholen, dass die Korrektur leicht zuzuordnen ist.

Bei Korrekturarbeiten auf einem Ausdruck sollten Sie immer einen gut lesbaren – am besten schwarzen – Stift verwenden, keinesfalls Bleistift! Bleistiftnotizen verwischen leicht, und schwache Farben werden rasch übersehen. Lassen Sie sich nicht dazu verführen, den Fehler im Text einfach zu übermalen, zu korrigieren. Der Setzer oder die Setzerin schaut am Rand entlang, ob es Fehler zu korrigieren gibt, bzw. sucht die Hinweise auf Fehler in den Bemerkungen zur Datei. Findet sich eine Anmerkung oder Änderung nur im Text selbst, ist die Gefahr sehr hoch, dass sie schlicht übersehen wird.

Anders natürlich, falls Ihnen der Verlag eine PDF- oder auch eine offene Datei zur Korrektur zuschickt und Sie genau darum bittet, die Korrekturen selbst direkt in der Datei auszuführen.

Zumeist wird von Ihnen erwartet, dass Sie mit der Kommentarfunktion in der PDF-Datei arbeiten, sodass Ihre – auch hier selbstverständlich ganz eindeutig formulierten – Korrekturen von den Setzer*innen mit Leichtigkeit in die formatierte offene Datei übernommen werden können.

Korrekturzeichen dienen der Kommunikation – nicht mehr und nicht weniger. Ob dudengerecht oder nicht – eindeutig zuzuordnen und verständlich müssen sie sein.

15 Die Hyperfunktionalität der Zeichen

Ein komplettes Kapitel mit einer kryptischen Überschrift? Was soll das?

Als der PC den Siegeszug an den Hochschulen und wissenschaftlichen Institutionen antrat, war dies der Beginn ungeahnter Vielfalt der Darstellungsmöglichkeiten. Nicht länger war man beim Schreiben von Texten darauf beschränkt, allein durch sprachlichen Ausdruck Schwerpunkte zu setzen. Nein, nicht allein die Sprache stand nun zur Verfügung und die eher schlichten Möglichkeiten, mit Dezimalen oder anders hierarchisierten Überschriften Struktur in den Text zu bringen. Es gab eine große Vielfalt an Ausdrucksmöglichkeiten durch Fettung, Kapitälchen, Versalien (Großbuchstaben), Kursivierung, unterschiedliche Schriften, Schriftgrößen und allerlei Effekte. So öffnete sich eine neue Tür für all jene, die schon immer die Armut der siebten Dezimalstelle betrauert hatten, die nun also weitere Untergliederungen der Überschriften vornehmen konnten, ohne die Überschrift 1.1.1.1.1.1.1 zitieren zu müssen, denn diese achte Untergliederung konnte ja in anderer Schrift, kleiner, fett und kursiv gesetzt sein. Außerdem war man nicht länger darauf beschränkt nur zwischen „neuem Absatz" und „Leerzeile neuer Absatz" zu variieren, um „neuer Gedanke" und „ganz neuer Gedanke" auseinanderzuhalten. Jetzt hatte man außerdem Sternchen und Äpfelchen zur Verfügung. Auch die Differenzierung von Originalzitaten aus Primärtexten, Zitaten aus Sekundärtexten und Zitaten aus Interviews und weiteren Quellen war nun ein Leichtes. Zum einen durch den Einsatz unterschiedlichster An- und Abführungen (‚einfache' oder „doppelte" Anführungszeichen, ›so‹ oder «so») oder durch die Verwendung unterschiedlicher Schriften.

Im Verlag sprachen wir seinerzeit von der Hyperfunktionalität der Zeichen – das hoffnungslose Überfrachten der Zeichen mit Bedeutungsebenen, die außer dem Autor oder der Autorin kaum jemand noch nachvollziehen konnte.

Ein gut gemachtes, gut organisiertes Buch erkennt man nicht daran, dass es alle Möglichkeiten, die die Textver- und -bearbeitung bietet, zugleich einsetzt, sondern daran, dass die verwendeten Elemente mit Verstand eingesetzt werden. Ein wissenschaftliches Buch soll in erster Linie dem wissenschaftlichen Diskurs dienen. Natürlich soll es auch schön sein. Doch auch Schönheit, vor allem funktionale Schönheit, entsteht ja nicht durch das Zusammenwerfen aller denkbaren Elemente, die als schön bezeichnet werden.

Die große Lust am Verwenden aller Schriften und Unterscheidungsmerkmale ist vergangen – zu alltäglich ist uns allen die Textverarbeitungssoftware mit ihren Funktionalitäten mittlerweile geworden. Trotzdem begegnen mir noch immer gelegentlich Zeichen, die fett und kursiv sein müssen, wo doch bereits fett oder kursiv eine Hervorhebung wäre. Denken Sie beim Einsetzen der möglichen Elemente immer an Ihre Zielgruppe. Unabhängig davon, ob Sie einen Zeitschriftenaufsatz, eine Online-Publikation oder ein Buch schreiben.

Die Grenzen der Kommunikation sind bald erreicht, wenn beinahe jedes typografische Merkmal eine eigene Bedeutung verkörpern soll. Bei der Verwendung unterschiedlicher Hervorhebungen und Zeichen immer an die Zielgruppe denken!

---

16 FMM – Frequently Made Mistakes

Der klassische Fehler schlechthin? Schwer zu sagen. Vielleicht gelingt uns eine entsprechende „Miss-Take"-Wahl bis zur nächsten Auflage dieses Büchleins. Von der ersten zur dritten Auflage hat es kein einzelner Fehler an die Führungsposition geschafft. Hier ein paar Hürden, die im Verlagsleben nahezu ständig zu meistern sind.

16.1 Umfang

Die klassische Fehleinschätzung im Bereich Redaktionelles und Technisches dürfte den Umfang eines Werkes betreffen. Waren das noch Zeiten, als es genormte Schreibmaschinenseiten gab! 60 Zeichen (inklusive Leerzeichen – die brauchen schließlich auch Platz) pro Zeile, 30 Zeilen pro Seite. Da wusste man doch genau, woran man war, wenn jemand von 360 Manuskriptseiten sprach. Die Variationen, die eine sogenannte „Standard-Normseite" aufwies, beliefen sich auf schlappe 300 Zeichen pro Seite – für die im Wort steckende doppelte Standardisierung eine große Variation. Doch das war früher. Heute, heute ist das alles ganz anders. Entsprechend den Erfordernissen der Globalisierung – oder wer auch sonst an dieser Verwirrung schuld sein mag – gibt es keine Normen mehr. Eine Manuskriptseite enthält fast nie mehr bloß 1.500 bis 1.800 Zeichen: Manche Seiten bringen es locker auf das Doppelte. Immer abhängig vom gewählten Satzspiegel, der Schriftart und -größe und dem Zeilenabstand finden sich auf unterschiedlichen Manuskriptseiten völlig unterschiedliche Mengen an Zeichen. Eine Druckseite enthält – je nach Format des Buches und den genannten Parametern – ebenfalls eine bestimmte Anzahl von Zeichen. Aus der Gesamtmenge der Manuskriptzeichen errechnet sich für den Verlag leicht die Zahl der Druckseiten. Die meisten Autor*innen verschätzen sich bei der Anzahl der Druckseiten – die eigene Schätzung liegt oft bei rund 50% des Endumfangs … Das ist für den Verlag natürlich schwer zu kalkulieren. Und woher soll die Autorin oder der

Autor im Vorfeld genau wissen, wie umfangreich das Buch wird? Sie können sich vom Verlag die Zeichenzahl pro Druckseite mitteilen lassen und beim Schreiben des Buches immer mal wieder abgleichen, wo Sie – rein quantitativ gesehen – stehen.

Ganz schwierig wird die Sache, wenn Sie einen Sammelband als Herausgeberin oder Herausgeber betreuen. Es ist in der Geschichte des Sammelbands m.W. noch nie vorgekommen, dass sich alle Autor*innen an die Vorgaben gehalten hätten – weder an die redaktionellen noch die terminlichen, noch gar an die Umfangsvorgaben. Doch da hilft es nichts: Holen Sie sich, wenn nötig, die Rückendeckung des Verlages und verpflichten Sie Ihre Autor*innen auf entsprechende Kürzungen.

> Die meisten Bücher werden um einiges umfangreicher als ursprünglich geplant. Es empfiehlt sich, von vornherein sehr enge Grenzen zu stecken – das Übertreten passiert von allein.

16.2 Termine

Ein weiterer Klassiker ist die Fehleinschätzung mit Blick auf die Terminschiene. Für jede weitere Person, die an einem Buch über die Autorin oder den Autor hinaus beteiligt ist, könnte man wohl im Durchschnitt zwei Wochen auf den gewünschten Zeitablauf draufsatteln. Die Terminplanung für einen Sammelband ist eine echte Herausforderung. Ein bis zwei Autor*innen fallen aus unterschiedlichen Gründen immer aus, Ersatz muss beschafft werden, dadurch verändert sich die Deadline für die Manuskriptabgabe beim Verlag. Der hat daraufhin die Lektoratsplanung verschieben müssen, was zu weiteren Domino-Effekten der Zeitverschiebung im Satzbereich führt. Und dann kommen im Korrekturlauf die Semesterferien oder Weihnachten dazwischen, sodass die meisten Autor*innen ohnehin schwer zu erreichen sind.

Als Herausgeber*in tun Sie gut daran, für sich selbst einen Puffer einzubauen, den Sie nicht an die Beitragenden zu Ihrem Buch weiter kommunizieren. Zudem sollten Sie kein Buch herausgeben, wenn Sie nicht bereit sind, „Freunde zu verlieren". Das sage ich in meinen Workshops zum wissenschaftlichen Publizieren häufig – und ich meine das auch so: Ich finde es unerträglich, dass jene Autor*innen, die gut planen, zuverlässig und pünktlich abgeben, diejenigen mit den veralteten Beiträgen sind, weil der Langsamste das Tempo bestimmt und erst mit einer Verspätung von sechs Monaten sein Manuskript abgegeben hat. Im Notfall sollten Sie als Herausgeber*in bereit sein, die „Reißleine" zu ziehen und sich von unzuverlässigen Autor*innen zu trennen – auch wenn dies gelegentlich wichtige Wissenschaftler*innen sein sollten.

Beim Schreiben eines Buches gibt es eine Menge von Unwägbarkeiten, und sicherlich ist Ihrem Verlag die Erfahrung von Terminplänen, die aktualisiert werden, nicht neu. Sie sollten jedoch bei Ihrer eigenen Planung berücksichtigen, dass im Verlag ebenfalls Planungsunsicherheit besteht: Bereits verplante Kontingente in Lektorat und Herstellung werden nicht planmäßig vergeben, einige Projekte kommen pünktlich, andere mit Verspätung, ein wichtiges als Feuerwehreinsatz zwischendrin. Das bedeutet zwangsläufig, dass ein mit Verspätung abgegebenes Manuskript nicht automatisch auf die Schnellspur gelangt, sondern möglicherweise ans Ende der aktuellen Warteschlange gestellt wird. So ist ein erneutes Aktualisieren des Terminkalenders vonnöten.

> Termine verschieben sich von allein. Ausreichend Puffer einzubauen ist ratsam, vor allem dann, wenn mehrere an der Arbeit beteiligt sind.

Teil III
„Mein Verlag und ich" – die Kommunikation mit dem Verlag

17 „Meine bestsellerverdächtige Diplomarbeit" – von realistischen Zielgruppeneinschätzungen

Es gibt Bücher, denen der Verlag beinahe allein auf Grundlage der Titelformulierung Erfolg voraussagen kann. Es gibt allerdings auch Manuskripte, bei denen ein Blick für die entgegengesetzte Aussage genügt. Wie können Sie wissen, welches Potenzial in Ihrem Projekt steckt? Lohnt es sich, viel Arbeit in die Überarbeitung Ihrer Dissertation zu investieren? Oder bleibt das Thema eng begrenzt, die Herangehensweise überaus anspruchsvoll, die Zielgruppe klein?

Ohne Publikationserfahrung dürfte es schwer werden, die Absatzchancen des eigenen Buches realistisch einzuschätzen – und selbst mit Erfahrung bleibt dies schwierig. Wenn Sie auf Veranstaltungen Vorträge zum Thema halten, werden sicherlich vielfach die Zuhörer*innen im Anschluss zu Ihnen kommen, um die Thematik zu vertiefen und sich bei Ihnen zu bedanken. Doch können Sie das dort ausgedrückte Interesse nicht hochrechnen auf eine Gesamtzielgruppe, sagen wir alle Wissenschaftler*innen, die in Ihrer Disziplin tätig sind.

Die Verwechslung von Forschungsgegenstand mit der Zielgruppe geschieht ebenfalls gelegentlich: Wenn Sie zum Beispiel Jugendforschung betreiben, können Sie nicht davon ausgehen, dass alle Jugendlichen oder alle, die mit Jugendlichen zu tun haben, das entstehende Buch kaufen werden.

Es gibt ein paar Anhaltspunkte, die bei der Einschätzung helfen – aber seien Sie sehr vorsichtig bei der Definition Ihrer Zielgruppe:

- Je enger und spezialisierter die Thematik,
- je höher das theoretisch-wissenschaftliche Niveau,
- je umfangreicher und
- je voraussetzungsreicher

ein Buch ist, desto kleiner die Absatzerwartungen. In der Regel. Denn wenn es so klar und einfach wäre und der Umkehrschluss ein erfolgreiches Buch erzeugen würde, dann wäre die Verlegerei ein Spaziergang ohne jedwede Überraschung. Und das ist sie nicht.

Wenn Sie Ihren Verlag davon überzeugen wollen, dass Ihr Buch breit oder doch breiter verkäuflich ist, wenn Sie Ihrem Verlag Hilfestellung geben wollen, indem Sie die Zielgruppen für Ihr Buch beschreiben, bleiben Sie realistisch.

Schauen Sie auf die Kernzielgruppe für Ihr Buch. Aus einer Diplomarbeit macht man keinen Bestseller – Ausnahmen bestätigen die Regel –, und auch Dissertationen und Forschungsberichte haben für gewöhnlich ein schweres Leben. Da ist die gezielte Ansprache derer, die Ihr Buch für ihre eigene wissenschaftliche Aufgabe brauchen, der erfolgversprechendste Weg, um zumindest einen „relativen Bestseller" zu kreieren, Ihrem Buch also die größtmögliche Wahrnehmung und Verbreitung zu bieten.

Anfangs haben wir die Bücher in Buchtypen eingeteilt. Insbesondere bei Titeln der Typen I und II ist die Mitarbeit der Autor*innen bei der Verbreitung des Buches von großer Bedeutung. Auch Titel des Typs III profitieren davon. Wie bereits ausgeführt, sind Sie als Wissenschaftler*in im Zentrum der einschlägigen Netzwerke und können in Gesprächen, bei Vorträgen, in Aufsätzen, auf Ihrer Internetseite, auf den Internetseiten Ihrer Forschungsverbünde und Fachgesellschaften sowie in sämtlichen erreichbaren Newslettern auf Ihre Publikation aufmerksam machen. Dabei können Sie – weit besser als Ihr Verlag – die Interessierten direkt ansprechen, und der Hinweis darauf, wo Ihre Ergebnisse nachzulesen sind, ist für Ihre Kolleg*innen wichtig.

Es gibt einige Stellen im Internet, wo Ihr Buch zu finden sein sollte. Natürlich freuen Sie sich, wenn Ihr Buch beim großen Internethandel verfügbar ist. Leider bietet dieser keine Zusatzbetreuung für Kund*innen in Form von Fachkenntnissen, Filterung, Beratung. Vielleicht schauen Sie mal im Internet, ob es für Ihren Bereich fachlich orientierte Alternativen gibt. Bei Amazon gibt es die Möglichkeit, Besprechungen einzustellen. Wenn jemand aus Ihren Fachkreisen eine Rezension zu Ihrem Buch verfasst hat, kann diese leicht von den Rezensent*innen selbst dort eingepflegt werden.

Im Karlsruher Virtuellen Katalog (kvk.bibliothek.kit.edu) sollte Ihre Publikation geführt werden – je mehr Fundstellen, desto besser. Wenn Ihre Bibliothek Ihr Buch als E-Book im Bestand hat, können die Nutzer*innen kostenlos darauf zugreifen: Die Bibliothek zahlt für die Nutzung, wie bei gedruckten Beständen auch.

Viele Verlage – auch ohne Konzernzugehörigkeit – bieten ihre E-Books einzeln oder in Paketen den Bibliotheken an. Wenn es Ihnen also wichtig ist, dann können Sie dies durchaus als Punkt in Ihren Kriterienkatalog aufnehmen, der Sie zur Entscheidung für einen Publikationspartner führt.

Die Marketing-Bemühungen der Verlage sind sehr unterschiedlich gelagert und reichen, wie oben ausgeführt, von Anzeigenschaltungen über Rezensionsversand und Tagungspräsenz bis hin zu individuellen Mailings. Welche Marketing-Aktion für Ihr Buch geplant und sinnvoll ist – da mag es zwischen Ihnen und Ihrem Verlag geteilte Meinung geben. Sicher sein können Sie, dass der Verlag für die Vermarktung von Titeln des Typs I relativ weniger Geld ausgeben wird als für Titel des Typs III – denn den Markt für spezifische Wissenschaftstitel können Sie auch mit Anzeigen in großen überregionalen Tageszeitungen oder TV-Spots nicht beliebig vergrößern.

Das Buch bestimmt also durch Thematik, Zuschnitt und Ausrichtung die Zielgruppe, die Zielgruppe bestimmt das Erfolgspotenzial Ihres Buches. Versuchen Sie, diese – mit Ihrem Verlag gemeinsam – möglichst realistisch einzuschätzen.

Eine realistische Zielgruppeneinschätzung braucht Erfahrung. Ihr Verlag dürfte sie haben und sich über Ihre Hinweise freuen.

18 Form ist (nicht) alles – die Präsentation des eigenen Manuskripts

Mit Oscar Wilde gesprochen, urteilen nur oberflächliche Menschen nicht nach dem Äußeren. Und Lektor*innen sind nicht unbedingt oberflächlich. Zwar sehen erfahrene Lektor*innen rasch hinter einer lackierten und glänzenden Oberfläche etwaige Schwächen und sind mit „Verpackungsschwindel" nicht so leicht hinters Licht zu führen, jedoch kann eine ordentliche und gut organisierte Präsentation des eigenen Manuskripts beeindrucken, ohne zu mogeln.

In der Regel möchten Fachverlage wissen, was im Buch steht. Das Abstract für Ihr Buch sollte also rasch auf den Punkt kommen und nicht mehr als eine halbe, maximal eine Seite umfassen. Das könnte Sie vor eine Herausforderung stellen, da Sie selbstredend mehr wissen und sehr gern mehr sagen möchten. Um sich selbst zu disziplinieren, können Sie versuchen, diese Kurzzusammenfassung in einer anderen als ihrer Muttersprache zu verfassen. Ihre fehlende Sprachkompetenz in dieser Fremdsprache zwingt sie zum Vereinfachen – und darum geht es, wenn Sie die Dinge in Kurzform bringen müssen.

Wenn Sie einen Sammelband anbieten, ist es ratsam, zu jedem Beitrag ein kurzes Abstract zu liefern, aber vor allem ein übersichtliches Gesamtinhaltsverzeichnis.

Lektorate sind dankbar, wenn sie Manuskripte in einer Form präsentiert bekommen, die einen raschen Überblick erlaubt. Wenn neben der Präsentation des Projekts noch der Entstehungszusammenhang genannt wird, hilft dies bei der Einordnung des Ganzen.

Übersicht 18.1 präsentiert Ihnen einen Fragebogen (analog zum englischen Fragebogen, Übersicht 8.1), um Autor*innen einen Leitfaden zur Präsentation ihrer Projekte an die Hand zu geben. Formulare dieser Art haben den Nachteil, dass sie den Eindruck erwecken, sie seien formal verbindlich, d. h. nur akzeptabel, wenn sie in dieser Form und nicht anders ausgefüllt werden. Unser Fragebogen soll jedoch der Orientierung dienen – nicht jedes Projekt kann nach diesem Schema sinnvoll vorgestellt werden. Für manche Projekte ist eine Marktanalyse weder erforderlich noch durchführbar. Bei anderen Projekten ist ein Konkurrenzprojekt ausreichend, um eine Vorstellung vom Markt zu entwickeln; bei vielen ist die Angabe von Konkurrenzprojekten wünschenswert. Verstehen Sie diesen Fragebogen also als Leitfaden, nicht als vollständig auszufüllendes Formular.

Es ist sinnvoll, dem Verlag Material zur Verfügung zu stellen – für den Anfang sind Inhaltsverzeichnis, Einleitung, Schluss und eine Leseprobe aus der Mitte zumeist ausreichend. Heutzutage ist es in den Verlagen selbstverständlich, mit digitalen Materialien zu arbeiten. Geschickt wäre es, dem Verlag eine einzige Datei zukommen zu lassen. Das Format der Datei ist nahezu beliebig, gängig sind Word-, Open-Office- oder PDF-Dateien. Die Datei sollte so benannt sein, dass der Verlag sie leicht zuordnen kann. Sie könnten sie z. B. mit Ihrem eigenen Namen bezeichnen – das ist aus Ihrer Sicht nicht sinnvoll, da Sie all Ihre Dateien mit Ihrem Namen benennen könnten. Dem Verlag liegen jedoch vermutlich nicht allzu viele Dateien mit Ihrem Namen vor. Wenn Sie mehrere Dateien schicken, wählen Sie sinnvolle, kurze Dateinamen – z. B. Müller-CV, Müller-Abstract; Müller-Kapitel usw.

Übersicht 18.1: Fragebogen: Projektpräsentation

---

1. AutorIn
(Vorname, Name, akad. Titel, Lehrort(e) und Position)

2. (Private) **Postanschrift** (nicht Postfach!)

3. (Vorläufiger) **Buchtitel** und **Untertitel**

3.1 Ggf. **Reihe**
3.2 o gedrucktes Buch   o E-Book
   o anderes, nämlich:

4. Bei Druckwerken: Geplanter **Umfang in** Druckseiten (Zeichenzahl inkl. Leerzeichen durch 2.500 bzw. Anzahl der Worte durch 400 = Druckseiten)

5. Geplanter **Abgabetermin** des Manuskripts/der Druckvorlage an den Verlag

6. Geplanter **Erscheinungstermin** (ggf. Veranstaltung mit Termin nennen, für die die Veröffentlichung fertig werden sollte)

7. Bedarf & Konkurrenz

7.1 Bedarfsbegründung (Vorlesung, Seminare, Prüfungen)

7.2 Zielgruppen

7.3 Konkurrenztitel

8. Einschätzungen (Vorbereitung Peer-Review)
(Dieser Fragenkatalog wird etwaigen Gutachter*innen ebenfalls vorgelegt. Die Einschätzungen der Gutachter*innen werden mit Ihren Einschätzungen abgeglichen.)

8.1 Originalität des Themas

8.2 Relevanz des Themas

8.3 Argumentation
- Ist die Fragestellung präzise dargestellt?
- Ist die Argumentation verständlich und nachvollziehbar?
- Berücksichtigt die Argumentation den aktuellen Diskussionsstand?
- Ist die Argumentation sachlich und frei von Polemik?

8.4 Schlussfolgerung
- Entspricht die Schlussfolgerung der Argumentation?
- Bezieht sich die Schlussfolgerung auf die Leitfrage?

8.5 Formale Gesichtspunkte
- Ist die Gliederung stimmig?
- Werden Methoden korrekt eingesetzt?
- Stimmen Zielgruppe und Aufbereitung überein?
- Ist einschlägige Literatur berücksichtigt, aktuell und korrekt zitiert?

8.6 Sonstiges

Quelle: © 2015 Verlag Barbara Budrich.

Achten Sie darauf, dass die Dateien möglichst wenige Fehler enthalten, denn der Verlag könnte von der Präsentation der Manuskriptprobe auf das Gesamte schließen.

Die Dateien sollten so angelegt sein, dass der Umbruch auch auf unterschiedlichen Systemen nicht vollkommen zusammenbricht. Wenn Sie z. B. mithilfe von Leerzeichen versuchen, Zeilen stimmig übereinander zu positionieren, wird dies beim Öffnen auf einem anderen Computer vermutlich durcheinandergeraten. Verhindern lässt sich dies mit PDF-Dateien, die sich auch auf vollkommen anderen Systemen nicht mehr verändern. Ein kostenloses PDF-Konvertierungsprogramm können Sie sich im Internet herunterladen.

Ein Lektorat im Fachverlag erhält pro Woche mehr Manuskriptangebote, als zu bewältigen sind. Absagen gehen zumeist schnell, Bestseller sind leider eher selten und werden oft rasch unter Vertrag genommen. Alles andere – rund 90% dessen, was veröffentlicht werden soll –, braucht Zeit. Manches wird an externe Lektor*innen geschickt, die bei der Beurteilung des Manuskripts helfen; bei manchen Projekten muss im Lektorat selbst eine Beurteilung des Manuskripts vorgenommen werden. Einige Manuskripte müssen mehrfach durchgeschaut werden, damit das Lektorat ein passendes Veröffentlichungsangebot vorlegen kann. Notwendige Peer-Reviews können den Entscheidungsprozess in die Länge ziehen.

Es ist legitim, vom Verlag eine Eingangsbestätigung zu erwarten. Hören Sie nichts, fragen Sie nach, ob alles eingetroffen ist. Und dann fassen Sie sich in Geduld. Nach Ablauf von zwei, besser drei Wochen wäre ein guter Zeitpunkt, sich wieder in Erinnerung zu bringen. Sie könnten einen Termin vereinbaren, bis zu dem Sie eine Rückmeldung erwarten dürfen.

> Nehmen Sie Tipps Ihrer Betreuer*innen genauso ernst wie kritische Rückmeldungen von Redaktionen und Lektoraten.

19 „Like it or leave it" – die Möglichkeiten der Vertragsgestaltung

Pacta sunt servanda – deshalb ist es ratsam, gründliche Absprachen zu treffen, die dann vertraglich festgeschrieben werden.

Ich kann hier nicht auf alle Details des Urheber-, Verlags- und Vertragsrechts eingehen – als Nicht-Juristin darf ich Sie ohnehin nicht rechtlich beraten –, möchte nur ein paar Dinge ansprechen, die mir besonders wichtig erscheinen. Ich beziehe mich hier ausdrücklich auf die Situation in Deutschland – im anglo-amerikanischen Sprachraum und natürlich anderswo auf der Welt gibt es zum Teil abweichende Gepflogenheiten.

Der Börsenverein des Deutschen Buchhandels hat gemeinsam mit dem Deutschen Hochschulverband die Vertragsnormen für wissenschaftliche Verlagswerke festgeschrieben. Suchen Sie auf der Seite des Börsenvereins (www.boersenverein.de) nach „Normvertrag Wissenschaft".

19.1 Verlagsrecht

Übertragen wird im Verlagsvertrag das Verlagsrecht – also das Recht zur Veröffentlichung und Verbreitung des Werkes. Sowohl die Art der Veröffentlichung (Buch, E-Book, Hörbuch etc.) als auch die Verbreitung bzw. das Verbreitungsgebiet (deutschsprachiger Raum, Nordamerika etc.) und die Auflagen (nur die 1., ab der 3. oder alle Auflagen) und Ausgaben (nur Hardcover, nur Taschenbuch) können dabei genauer spezifiziert werden. Ob und wenn ja, welche Art von Spezifikation sinnvoll ist, ist vom jeweiligen Projekt und seinen Potenzialen sowie von Ihren Möglichkeiten abhängig, wie in Kapitel 8 mit Blick auf mögliche Veröffentlichungen in unterschiedlichen Sprachen bereits erörtert.

19.2 Abgeleitete Rechte

Der Verlag wird sich zumeist auch abgeleitete Rechte übertragen lassen. Inwieweit dies in Ihrem Interesse ist, liegt wiederum an Ihren Möglichkeiten und dem Potenzial Ihres Projekts. Sollten Sie von vornherein wissen, dass Sie weitere Vermarktungsmöglichkeiten haben, sollten Sie mit Ihrem Verlag darüber sprechen. Die Verwertung dieser weiteren Rechte wird häufig 50:50 vergütet: Sie bekommen 50% des Erlöses, Ihr Verlag die andere Hälfte; es gibt auch andere Verteilungsschlüssel.

Wenn Sie abgeleitete Rechte übertragen, verkaufen Sie sich nicht mit Haut und Haar. Das geistige Eigentum verbleibt bei Ihnen. Sie dürfen also Vorträge halten, Zeitschriftenaufsätze aus Ihren Ergebnissen generieren und Bücher zum gleichen Thema schreiben, die Sie durchaus auch in anderen Verlagshäusern veröffentlichen können. Etwaige Vertragsklauseln, die Veröffentlichungen zum gleichen Thema in anderen Häusern verbieten, sind zumeist ungültig. In der Wissenschaft gibt es nur sehr wenige Fälle, in denen Veröffentlichungen in echter Konkurrenz zueinander stehen. Wenn Sie zum Beispiel zwei Lehrbücher nahezu zeitgleich zum gleichen Themenkomplex veröffentlichen, stehen diese miteinander in Konkurrenz. Ist das eine ein Lehrbuch, das andere aber ein Handbuch zum gleichen Thema, ergänzen sich die Bücher eher, als dass sie sich wirklich gegenseitig Marktanteile streitig machen.

Zudem dürfen Sie nicht ohne Weiteres längere Textpassagen aus Ihrer einen in einer anderen Publikation verwenden. Jedenfalls nicht ohne Rücksprache mit dem Inhaber des Verlagsrechts. Sie dürfen Ihr Buch, Ihren Aufsatz oder Teile nicht ohne Rücksprache auf Ihrer Internetseite veröffentlichen. Sollten Sie Grafiken entworfen haben, die Sie in diesem Buch erstmals verwenden, so dürfen Sie diese Grafiken streng genommen auch nicht ohne Rücksprache wiederverwenden, wenn sie nicht als Bildzitat verstanden werden können. Bildzitate sind – wie oben erläutert – mit korrekter Quellenangabe dann erlaubt, wenn der Text auf die Verwendung dieser Visualisierung angewiesen ist.

Im Grunde genommen bestehen auch für Sie bei Ihrem Buch, einmal veröffentlicht, die gleichen Copyright-Regelungen wie bei Veröffentlichungen anderer Urheber*innen. Allerdings dürfte ein Verlag wenig Interesse daran haben, Ihnen die erneute Verwendung auch wortwörtlicher Passagen zu untersagen. Für Sie und Ihre Wissenschaftskarriere ist wichtig, dass Sie das Gleiche nicht zu oft verwenden: Bringt man Ihren Namen erst mit dem immer gleichen Text unter verschiedenen Überschriften und in unterschiedlichen Veröffentlichungszusammenhängen in Verbindung, dürfte das für Ihr Fortkommen eher hinderlich sein.

Im Falle von Open-Access-Publikationen unter einer CC-Lizenz gelten entsprechende Regeln – abgeleitete Rechte werden nicht thematisiert und müssten ggf. neu verhandelt werden.

19.3 Freiexemplare, Zuschuss, Honorar

Diese drei Punkte fasse ich hier zusammen, weil sie unmittelbar mit der kalkulatorischen Seite des Buches zusammenhängen.

Freiexemplare gewährt der Verlag, wenn er eine normale Druckauflage für den Verkauf plant. Doch auch hier gibt es unterschiedliche Modelle: Bei Klein- und Kleinstauflagen bzw. Print on Demand, ist die gedruckte Auflage unter Umständen so klein, dass keinerlei Freiexemplare vorgesehen sind. So kann es also sein, dass Ihnen ein Angebot unterbreitet wird, in dem Freiexemplare nicht vorkommen. Für gewöhnlich können Sie aber mit Autor*innenrabatt auf den regulären Ladenpreis rechnen.

Bei Open-Access-Publikationen, für die nur eine Print-on-Demand-Produktion vorgesehen ist, gibt es häufig keine Freiexemplare und ein Zuschuss – der zumeist institutionell getragen wird – ist unerlässlich.

Wenn der Verlag Ihnen ein Veröffentlichungsangebot macht, das einen Zuschuss vorsieht, dann gibt es meist wenig Verhandlungsspielraum. Sie können nochmals nachfragen, ob es Alternativen gibt: Vielleicht kommt der Verlag Ihnen noch ein wenig entgegen. Wenn Sie keine Fördermöglichkeiten (s. Kap. 7) auftun können, gestattet der Verlag Ihnen auf Anfrage vielleicht eine Ratenzahlung. Möglicherweise ist es Ihnen lieber, den Zuschuss in Form einer Festabnahme zu gestalten: Sie bekommen Ihre eigenen Bücher zu einem Vorzugspreis, dafür verpflichten Sie sich eine (größere) Menge an Exemplaren zum vereinbarten Preis bzw. mit dem vereinbarten Rabatt auf den Ladenpreis abzunehmen. Übrigens gilt in Deutschland für Bücher das Ladenpreisbindungsgesetz: Auch Sie dürfen also per Gesetz die Bücher nicht unter dem festgesetzten Ladenpreis abgeben.

Im Fachbuchbereich ist das Honorar – so es denn eines gibt – für gewöhnlich ein Erfolgshonorar: Der Autor oder die Autorin erhalten einen bestimmten prozentualen Anteil vom Erlös aus dem Verkauf des Buches. Festhonorare sind im Wissenschaftsbetrieb eher selten. Die Basis ist zumeist der Nettoerlös – also das, was der Verkauf des Buches tatsächlich erlöst hat, nämlich Ladenpreis abzüglich Mehrwertsteuer, abzüglich gewährtem Buchhandelsrabatt. Bei Büchern, deren Absatzerwartungen nicht so überragend sind, wird oft kein Honorar gezahlt. Es ist aber durchaus denkbar, mit dem Verlag Honorarzahlungen ab einer 2. Auflage oder ab dem x. verkauften Exemplar zu vereinbaren. Der eine Verlag lässt sich darauf ein, der andere nicht.

Zwischen den Faktoren Zuschuss, Freiexemplare, Honorar besteht ein Wechselverhältnis. Wer einen Zuschuss bezahlen muss, bekommt üblicherweise kein Honorar oder erst ab einer 2. Auflage. Freiexemplare gibt es – wenn überhaupt – zumeist nicht mehr als zehn. Statt eines kleinen Honorars wäre es denkbar, weitere Freiexemplare zu verhandeln. Beachten Sie bei Dissertationsveröffentlichungen, dass Sie unter Umständen gedruckte Dissertationspflichtexemplare bei Ihrem Dekanat oder Fachbereich abgeben müssen. Erkundigen Sie sich im Vorfeld, wie die Regelung in Ihrem spezifischen Fall ist – es gibt Unterschiede in den Gepflogenheiten. Verhandeln Sie nach Möglichkeit mit Ihrem Verlag, dass Ihnen für die Pflichtexemplare keine großen Zusatzkosten entstehen. Der Verlag darf Ihnen Autor*innenrabatt gewähren, er darf Ihnen diese Bücher natürlich auch kostenlos zur Verfügung stellen.

19.4 Umfang

Im Vertrag wird der Umfang Ihres Buches festgeschrieben. Der Verlag spricht dabei von Druckseiten, nicht von Manuskriptseiten. Beachten Sie also, wie viele Druckseiten sich aus Ihrem Manuskript ergeben. Der Verlag nennt Ihnen vielleicht eine Zeichenzahl pro Seite – diese Zahl bezieht sich auf Zeichen inklusive Leerzeichen (stellen Sie sich mal die Seite ohne Leerzeichen vor!). Sie können dann bei „Überprüfen" Ihrer Datei(en) „Wörter zählen" und auch sehen, wie viele Zeichen Ihr Manuskript umfasst. Behalten Sie im Kopf, dass allein durch die sogenannte Titelei (S. 1 bis 4) vier Seiten dazukommen und dass der Apparat – also Literatur-,

Abbildungs-, Tabellen-, Abkürzungsverzeichnis, Register, Autor*innen-angaben, Anhang etc. – ebenfalls Platz braucht.

Kommen in Ihrem Manuskript zahlreiche Abbildungen und Tabellen vor, verfälschen diese das Bild, das sich aus der Zeichen-Statistik ergibt. Berücksichtigen Sie die sich daraus ergebenden Seiten separat. Eine Beispielrechnung finden Sie in Übersicht 19.1.

Übersicht 19.1: Beispielrechnung von Manuskript- zu Druckseiten

Ihr Manuskript umfasst etwa 400 Manuskriptseiten. Diese teilen sich auf in:		Umrechnungsfaktor zu Druckseiten	Druck-seiten
500.000 Zeichen inkl. Leerzeichen	Text	2.500 Zeichen	200
10 Abbildungen	à eine ganze Seite	1:1	10
20 Tabellen	à eine halbe Seite	2:1	10
60.000 Zeichen	Literaturverzeichnis	3.000 Zeichen	20
Apparat	Tabellenverzeichnis	1:1	1
Apparat	Abbildungsverzeichnis	1:1	1
Apparat	Titelei		4
400 Manuskriptseiten werden so zu 246 Druckseiten.			

Quelle: Eigene Darstellung.

Die Überschreitung des vereinbarten Umfangs ist bei einem gedruckten Buch für alle Seiten misslich. Bei gravierenden Überschreitungen (mehr als 10%) muss der Verlag zumeist neu kalkulieren. Wie wir zu Beginn dieses Buches gesehen haben, ist der Umfang für die Gesamtkalkulation des Verlags entscheidend. Entsprechend schwierig sind für den Verlag Veränderungen in diesem Bereich. Zumeist wird er auf Kürzung des Textes bestehen. Und häufig wird eine solche Kürzung dazu führen, dass der Text besser wird! Mehr zum Thema Kürzen und Überarbeiten finden Sie in Kapitel 20.

19.5 Termine

Auch die Terminschiene wird vertraglich festgehalten. Und auch hier gibt es eine gewisse Empfindlichkeit auf Seiten des Verlages, was die Termintreue angeht. Jedenfalls dann, wenn der Verlag sich an den traditionellen Rhythmen des Buchhandels orientiert. Die Buchhandelswelt kennt zwei Jahreszeiten: Frühjahr (Januar bis Juni) und Herbst (Juli bis Dezember). Ihr Buch sollte also einer der beiden Saisons – erstes oder zweites Halbjahr – zugeordnet werden. Ein Verlag wird ein Buch nicht ankündigen, bevor er nicht das entsprechende Manuskript im Haus hat und selbst einschätzen kann, wie lange es bis zur Veröffentlichung in etwa dauern wird. Auf Drängen von Autor*innen wird der Verlag sich möglicherweise bereiterklären, entgegen der eigenen Grundsätze anzukündigen, obwohl das Manuskript noch nicht im Haus ist, um den Erscheinungstermin nicht nach hinten verschieben zu müssen. Wenn das Erscheinen des Buches sich verzögert, ist die Planung für den Verlag obsolet. Lektorat, Herstellungsabteilung, ja selbst Finanz- und Druckplanung: alles für die Katz. Arbeiten Sie allein an einem Buch, geben Sie auf Ihre eigene ursprüngliche Planung drei bis sechs Monate „Luft". Sollten Sie als Herausgeber*in fungieren, empfiehlt es sich, einen Trainerschein fürs Flöhe Hüten zu absolvieren, bevor Sie sich an die Arbeit begeben. Zeitplanung wird extrem schwierig: Jede weitere Person, die an einem Projekt beteiligt ist, verlängert den Prozess. So kommt es, dass Herausgeberbände oft verspätet erscheinen.

19.6 Verramschen, Makulieren

Niemand denkt bei der Geburt an Alter und Tod. Und doch ist auch der Lebenszyklus eines Buches begrenzt. Es gibt Bücher, die schon zweistellige Neuauflagen erlebt haben. Insbesondere Lehr- und aufwändige Handbücher haben ein recht langes Leben. Doch unsere normale Forschungsmonografie hat, wie zu Anfang erläutert, eine Lebensdauer von rund 24 Monaten. Dem kommen natürlich die Möglichkeiten des Print on Demand sehr entgegen, das sich jedoch nicht für alle Bücher durchführen lässt, ohne den Ladenpreis empfindlich zu erhöhen, weil der Druck von

Einzelexemplaren oder Mini-Auflagen die Stückkosten rasant in die Höhe schnellen lassen kann.

Die traditionelle Lebensendphase eines gedruckten Buches bestand früher und besteht zum Teil noch heute im sogenannten Verramschen. Der Ladenpreis wird aufgehoben, die Ladenpreisbindung besteht dann nicht mehr. Forschungsmonografien, die zuvor 48,00 Euro gekostet haben, können nun für 5,00 Euro angeboten werden. Doch wird dies fachlich hochspezialisierten Titeln in der Regel keine neuen Märkte erschließen. Der nächste Schritt heißt „Makulieren". Der Albtraum eines jeden Autors, einer jeden Autorin: Die Restauflage des Buches wird der Papierverwertung zugeführt.

Sie sollten sich vertraglich zusichern lassen, dass Sie vor dem Makulieren von Verlagsseite informiert werden. Der Verlag sollte sich verpflichten, Ihnen eine angemessene Frist einzuräumen, um etwaige Restexemplare zu einem geringen Preis aufzukaufen.

Dann gibt es drei Möglichkeiten:

1. Der Titel wird als „vergriffen" gemeldet oder
2. es bleibt das digitale Angebot – bezahlt oder Open Access – mit oder ohne Print on Demand. Sollte für Print on Demand ein höherer Ladenpreis notwendig werden, muss dieser über die entsprechenden Kanäle vom Verlag an die Branche gemeldet werden.
3. Es gibt eine Neuauflage.

Eine Neuauflage ist nicht bei allen Buchtypen sinnvoll. Eine empirische Untersuchung lässt sich ohne Replikation oder das Einbeziehen vergleichbarer Untersuchungen schwerlich als „echte" Neuauflage veröffentlichen. Bei Lehr- und Handbüchern haben wir oben gesehen, dass Neuauflagen zum Lebenszyklus des Buches gehören.

Bei der Meldung „vergriffen", also der Verlag plant keine Neuauflage Ihres Buches, das Buch bleibt nicht als E-Book im Angebot, können Sie die Rechte an Ihrem vergriffenen Buch vom Verlag zurückfordern. Wie Sie weiter mit Ihren Rechten verfahren wollen, bleibt Ihnen überlassen: Ob Sie sich ein passendes Open-Access-Repositorium suchen, die Datei auf Ihre Webseite stellen oder zufrieden sind, dass es das Buch einmal gab und nun nicht mehr gibt – Ihre Sache.

19.7 Vertrauen – oder: Welche Funktionen ein Vertrag nicht erfüllen kann

Verträge sind Vertrauen schwarz auf weiß, denn es ist nicht möglich, für alle Eventualitäten Vorsorge zu treffen. Es bleibt immer ein nicht regelbarer Rest. Allerdings gibt es auch eine Reihe von Dingen, die deswegen nicht festzuschreiben sind, weil sich die Möglichkeiten dafür erst nach Vertragsabschluss herausstellen.

Sagen wir zum Beispiel Sie reisen nach Veröffentlichung nach China und dort wird Ihr Buch händeringend gebraucht. Da Sie die Rechte an der Übersetzung ins Chinesische nicht bei sich behalten sondern dem Verlag übertragen haben, hat der jetzt mitzureden. Nun wäre es theoretisch denkbar, dass Ihr Verlag sich nicht kümmert oder so hohe Forderungen an den chinesischen Partner stellt, dass dieser die Übersetzung aus wirtschaftlichen Gründen ablehnen muss. Das wäre natürlich für Sie ärgerlich und für Ihre internationale Reputation hinderlich. „Gut", sagen Sie, „dann behalte ich die Rechte für fremdsprachige Ausgaben lieber." Das können Sie natürlich machen. Vielleicht hat Ihre Verlegerin aber gute Kontakte in viele Ecken der Welt und sieht keine Veranlassung, sich um internationale Lizenzausgaben für Ihr Buch zu bemühen – schließlich hat sie die Rechte gar nicht. „Gut", sagen Sie, „dann übertrage ich dem Verlag doch besser auch die Rechte an Übersetzung in fremde Sprachen." Oder, Sie sagen, „Ok, ich lasse den Verlag jetzt in den Vertrag aufnehmen, dass wir immer das tun, was mir gefällt ..."

Wenn Sie versuchen, jeden Atemzug vertraglich zu reglementieren, landen Sie in Absurdistan. Es bleibt am Ende des Vertrages die Frage nach dem wechselseitigen Vertrauen bestehen. Wenn Sie kein Vertrauen zu diesem Verlag haben, dann suchen Sie sich einen anderen Partner: Chemie, Bauch, Intuition oder was auch immer Sie zurückhält, auch Büchermachen ist Vertrauenssache, und wer der oder die „Richtige" ist, müssen Sie selbst entscheiden.

19.8 Pacta non servata sunt?

Was tun, wenn die Vertragserfüllung nicht nach Ihren Vorstellungen ausfällt? Wenn der Verlag die Publikation Ihres Buches verschleppt? Wenn die Überarbeitungsauflagen Ihnen als absurde Zumutung erscheinen? Bevor das Buch erschienen ist, haben Sie die Möglichkeit, den Vertrag zu lösen. Liegt ein grober Vertragsbruch vor, können Sie das Vertragsverhältnis aus „wichtigem Grund" beenden. Bevor Sie aber zu Anwalts Liebling werden: Sprechen Sie mit Ihrem Verlag.

Es ist wie so oft im Leben: Sie haben es mit Menschen zu tun. Menschen, die versuchen, ihr Bestes zu geben. Doch sind Fehler ein Teil des Lebens, und wichtiger als die Fehler selbst ist das Fehlermanagement. Eine Schuldfrage sollte also allenfalls im Zusammenhang mit etwaigen Ansprüchen gestellt werden, wenn Schaden entstanden ist. Wer die moralische Verantwortung für was trägt, wer Schuld hat – und wer also unschuldig ist –, das sind Fragen, die für die Aufklärung von Verbrechen relevant sind, nicht aber für Erscheinungstermine von Büchern.

Wenn Sie Streit haben, sprechen Sie erst mit Ihrem Gegenüber. Wenn Sie selbst nicht mehr sprechen können oder wollen, suchen Sie sich jemanden, der oder die das Gespräch für Sie übernimmt oder nehmen Sie jemanden mit. Oft ergibt sich daraus bereits die Lösung. Die so aussehen kann, dass nun alles nach dem ursprünglichen Plan läuft. Oder so, dass der bestehende Vertrag aufgelöst wird und Sie sich einen neuen Partner suchen.

Streben Sie das an, was Sie erreichen wollen und bleiben Sie kompromissbereit.

Sie können sich partout nicht mit der Gegenseite einigen? Dann erst ist der Weg zum Anwalt fällig. Möglicherweise reicht eine kostengünstige Beratung. Wenn nicht, dann bleibt der Gang vor Gericht. Übrigens: Urheber- und Verlagsrecht ist ein eigenes Rechtsgebiet, das – wie alle anderen Gebiete auch – ständig aktualisiert wird. Ihr Anwalt für Familienrecht wäre da nicht der richtige Ansprechpartner. Suchen Sie sich eine Expertin, einen Experten.

19.9   Handschlag

In Deutschland gilt der Handschlagvertrag beim Büchermachen – wie beim Pferdekauf. Wenn Sie also eine Veröffentlichungszusage des Verlages haben, dann gilt diese auch ohne schriftlich fixiertes vertragliches Beiwerk. Bevor Sie sich an dieser Zusage allerdings erfreuen, sollten Sie sich mit dem Verlag darüber verständigen, um Missverständnisse auszuschließen!

> Verlage arbeiten gern mit ihren Standardvorlagen auch bei Autor*innenverträgen. Etwas Verhandlungsspielraum sollte jedoch möglich sein.

20 „Da kann man nichts weglassen!" – die Zusammenarbeit mit dem Lektorat

Der Wunsch, das einmal abgeschlossen geglaubte Manuskript nun in dieser Form zu veröffentlichen, ist oft sehr stark. Nach der vielen Arbeit, die Sie investiert haben, ist das verständlich. Dennoch ist eine Überarbeitung häufig notwendig und tut dem Buch gut!

Bei Dissertationen gibt es manchmal – je nach Promotionsordnung – die Maßgabe, diese unter dem Originaltitel und ohne jedwede Veränderung zu publizieren. Bevor Sie also in die Überarbeitung Ihrer Dissertation zur Veröffentlichung Arbeit investieren, sollten Sie sich rückversichern, dass Sie das laut Promotionsordnung dürfen.

Verlage arbeiten sehr unterschiedlich mit Blick auf Qualitätskontrolle. Manche haben ganze Fachgremien, die die wissenschaftlich-fachliche Eignung des Buches kontrollieren, und jeder Titel des Verlages durchläuft eine solche Kontrolle. Andere Verlage vertrauen darauf, dass die Wissenschaft sich selbst kontrolliert, und verzichten sowohl auf Peer-Reviews als auch auf jede weitere Form der Qualitätssicherung. Wieder andere Verlage entscheiden von Fall zu Fall, lektorieren manche Manuskripte komplett, überarbeiten dann selbst und lassen die Autor*innen außen vor, oder der Autor bekommt eine Desiderata-Liste überreicht, die abgearbeitet werden muss.

Wie auch immer ein Protokoll an Sie gelangt, das Überarbeitungswünsche auflistet, in welcher Form auch immer Sie dieses Protokoll bekommen: Nehmen Sie derartige Anmerkungen ernst!

Gerade wenn Sie denken, das Manuskript sei fertig, und wenn Sie keine Motivation mehr haben, das Ganze bis zur Veröffentlichung noch einmal komplett zu überarbeiten – tun Sie es trotzdem! Und zwar in Ihrem eigenen Interesse. Denn wenn das Buch erst einmal fertig ist, haben Sie keine Chance mehr, die „Kleinigkeiten" an Stil, Leseführung etc. noch nachzuarbeiten und jene zwanzig überflüssigen Fußnoten herauszunehmen oder den Verweis auf das gerade erschienene Referenzwerk noch einzubauen.

Schreiben ist ein Prozess. Suchen Sie sich gute Kritiker*innen, die Ihren Text so würdigen, dass sie Ihnen ordentliches und brauchbares Feedback geben. Verabreden Sie Feedback-Regeln mit Ihren Helfer*innen. Einen Leitfaden dazu finden Sie auf der Internetseite zu diesem Buch (budrich.de/erfolgreich-publizieren-das-buch/). Und wenn es dann darangeht, aus dem, was Sie mit Herzblut geschrieben haben, wieder Stückchen herauszulösen, Formulierungen zu überarbeiten, Lücken und Brüche in der logischen Struktur zu schließen, dann sollten Sie nicht zögern.

Ist diese Arbeit abgeschlossen, sollten Sie sich von Ihrem Text trennen und ihn abgeben. Sie finden jedes Mal beim Durchlesen erneut Fehler? Geben Sie es trotzdem ab. Beinahe gleichgültig, wie oft Sie diesen Text lesen, sobald Sie das Buch oder die Zeitschrift aufschlagen, werden Sie den ersten Fehler finden! Wenn Ihnen das passiert, dann lächeln Sie und sagen: „Da, und das habe ich vorher gewusst!"

Ein Manuskript zu überarbeiten ist ein Zeichen von Souveränität, nicht von Schwäche.

Teil IV
Schluss

21 Rekapitulation: der Weg zur Veröffentlichung

Eine Veröffentlichung abzuschließen und endlich in Händen zu halten bzw. im Internet zu sehen, ist eine zufriedenstellende Angelegenheit. Wir wollen hier den Weg Schritt für Schritt nachzeichnen, den Sie bis dahin gegangen sind. Als Beispiele nutzen wir vier verschiedene Veröffentlichungsformate, anhand derer wir die unterschiedlichen Abschnitte noch einmal chronologisch nachvollziehen: 1. eine Dissertation, die als Buch erscheinen soll, 2. einen Zeitschriftenaufsatz, 3. eine Online-Publikation und 4. ein Lehrbuch. Wir sprechen von Publikation oder Projekt, wenn wir alle vier Formate meinen, und spezifizieren, wo es notwendig ist.

21.1 Entscheidung über das Publikationsformat

Sie suchen einen geeigneten Partner zur Veröffentlichung Ihres Projekts, wissen aber noch nicht genau, in welcher Form Sie Ihren Text wem anbieten wollen. Abweichend von dieser Situation kommt bei einem Lehrbuch möglicherweise der Verlag selbst auf Sie zu und bittet Sie, einen Lehrtext für einen bestimmten Bereich zu schreiben.

Sie überlegen nun: Ist wissenschaftliche Reputation wichtig für Sie? Falls ja, sollten Sie bei der Wahl von Zeitschrift, Plattform bzw. Verlag nach der jeweiligen Bedeutung im Wissenschaftsbetrieb fragen. Anhand welcher Kriterien Sie dabei vorgehen können, haben wir in Kapitel 6 am Beispiel von Dissertationsveröffentlichungen besprochen.

Ist Reputation zweitrangig, Sie wollen lediglich veröffentlichen, danach wenden Sie sich anderen Aufgabenbereichen zu? In diesem Falle können Sie nach der für Sie bequemsten und/oder billigsten Publikationsmöglichkeit suchen.

Bei der Entscheidung für das Publikationsformat stehen auf der einen Seite Kosten- und Reputationserwägungen, auf der anderen Seite aber auch die Thematik und Reichweite Ihrer Fragestellung. Je enger, je spezifischer, desto eher ist von einer Buchpublikation abzuraten: Sie könnten dann den Arbeitsaufwand, der notwendig ist, um ein Manuskript zur Publikationsreife zu bringen, auch in einen oder mehrere Zeitschriftenaufsätze investieren. Eine Veröffentlichung auf einer Internetplattform sollte den gleichen Aufwand benötigen, zumindest dann, wenn auch dort Peer-Reviews oder andere Qualitätskontrollen eingesetzt werden. Nur dann können Sie davon ausgehen, dass diese Plattform wissenschaftliche Anerkennung genießt.

Es gibt im Übrigen Verlage, die sich wie „richtige" Wissenschaftsverlage gerieren, denen aber Qualitätskontrolle fernliegt. Seien Sie also bei der Partnerwahl entsprechend kritisch.

Wenn Sie sich für ein Format und einen potenziellen Partner entschieden haben, müssen Sie dort vorstellig werden.

21.2 Manuskriptpräsentation

Nun präsentieren Sie Ihr Projekt. Erkundigen Sie sich bei der Zeitschriftenredaktion, dem Verlag, der Internetplattform, in welcher Form Ihr Projektvorschlag dort vorzugsweise empfangen wird. Möglicherweise müssen Sie einen spezifischen Fragebogen ausfüllen oder ein Abstract in einem spezifischen Format einreichen, bevor Sie mit Ihrem mehr oder weniger fertigen Projekt um die Ecke kommen können. Denken Sie daran, dass die Präsentation des Manuskripts sich daran orientiert, welche Zielgruppe Sie als Hauptinteressenten für Ihr Projekt ins Auge gefasst haben. Kurze und übersichtliche Präsentationen, eindeutig benannte Dateien (nicht den Verlags- oder Zeitschriftennamen als Dateikennung verwenden), Auskunft über Autor*innen und Entstehungszusammenhang helfen dem Lektorat oder der Redaktion, sich einen raschen Überblick zu verschaffen.

21.3 Angebot, Förderung, Überarbeitungsauflagen

Wir freuen uns darüber, dass Sie ein Veröffentlichungsangebot erhalten. Doch es ist an Überarbeitungsauflagen geknüpft.

Ihr Angebot enthält für die Veröffentlichung der Dissertation eine Subventionsforderung. Sie verhandeln mit dem Verlag und erreichen, dass Sie ab dem 201. verkauften Exemplar ein Honorar in Höhe von 5% des Nettoerlöses je verkauftes Exemplar, zehn Freiexemplare sowie die Dissertationspflichtexemplare erhalten. Wegen der Subvention stellen Sie einen Antrag auf Druckkostenzuschuss bei der VG Wort. Während der Wartezeit schauen Sie sich die Überarbeitungsauflagen des Verlages an und überarbeiten Ihr Manuskript. Die Formatierungsvorgaben des Verlages finden Sie leicht umzusetzen, da Sie bereits viel Erfahrung mit Textverarbeitungssystemen haben. Die VG Wort meldet sich mit einer Absage. Das ist schade. Doch Sie lassen sich nicht entmutigen und begeben sich zu den Internetseiten des Deutschen Stifterverbandes, schreiben vier Stiftungen und ein lokales Geldinstitut an. Sie erhalten nach einigem Hin und Her drei Förderzusagen, die nicht für die komplette Subvention ausreichen, aber den größten Teil der Kosten abdecken.

Ihre Lieblingszeitschrift hat Ihnen einen großen Überarbeitungskatalog mitgegeben. Außerdem sollten Sie Ihren Beitrag auf die Hälfte reduzieren. Das wollen Sie wiederum nicht. Sie bedanken sich bei der Redaktion, sagen ab und kontaktieren Ihre zweitliebste Zeitschrift. Da die Überarbeitungsauflagen relativ ähnlich sind wie bei der ersten Zeitschriftenredaktion, lassen Sie sich jetzt darauf ein und überarbeiten zähneknirschend.

Die Überarbeitungsauflagen für die Online-Plattform sind moderat. Es geht in der Hauptsache um eine Zuspitzung der Fragestellung und das Einarbeiten von ein, zwei Kommentaren.

Für das Lehrbuch hat Ihnen der Verlag ein Honorar in Höhe von 10% vom Nettoerlös angeboten. Sie bekommen von jeder Auflage mindestens zehn Freiexemplare und ein großzügig bemessenes Kontingent an Werbe- und Multiplikatorenexemplaren zugesichert. Die inhaltlichen Vorgaben von Verlagsseite sind überschaubar, das Feld ist Ihnen nahezu im Schlaf vertraut – es geht lediglich darum, niederzuschreiben, was ohnehin in Ihrem Kopf ist. Ein Unterfangen, weit mühsamer als erwartet, wie Sie bald feststellen. Aber Sie sind fleißig und motiviert, stimmen Gliederung und Zuschnitt wiederholt mit dem Lektorat und mit Kolleg*innen ab: Ein Jahr hat man Ihnen Zeit für das Manuskript gegeben. Das wird funktionieren.

In allen Fällen haben Sie einen Vertrag unterzeichnet.

21.4 Skript-Abgabe, letztes Feilen

Die Phase der Überarbeitung ist überstanden, Sie haben noch vereinzelte Anmerkungen zurückbekommen, sind alles ein letztes Mal durchgegangen.

Für die Open-Access-Publikation auf der Plattform und die Dissertation erledigen Sie nun noch die letztgültige Formatierung. Redaktion und Verlag erwarten von Ihnen publikationsreife PDF-Dateien.

Zeitschriftenaufsatz und Lehrbuch werden von der Redaktion bzw. dem Verlag gesetzt. Sie erhalten die sogenannten Fahnen zur Korrektur. Beim Lehrbuch fällt noch eine zweite Korrekturrunde an. Dann wird es langsam aufregend.

Für die Dissertation und das Lehrbuch erhalten Sie vom Verlag die Seiten 1 bis 4 (sogenannte Titelei) zur Druckfreigabe. Bei der Dissertation achten Sie darauf, dass die von Ihrer Prüfungsordnung für die Promotion vorgegebene Formulierung der Universität (zgl. Diss. Uni XXX) auf die Impressumseite kommt. Für die Förderung haben Sie in der Danksagung bereits nette Worte gefunden, auf der hinteren Umschlagseite müssen die Logos der Förderer abgedruckt werden. Auch den Umschlag für Lehrbuch und Dissertation erhalten Sie zur Freigabe vorgelegt. Der Klappentext beim Lehrbuch gefällt Ihnen nicht. Sie machen dem Verlag einen Alternativvorschlag, der wird diskutiert, und Sie einigen sich auf eine neue Formulierung. Eines der für die Dissertation notwendigen Logos ist technisch nicht ausreichend. Sie wenden sich erneut an die Stiftung und erhalten eine neue Datei.

21.5 Warten und Marketing

Die digitale Publikation ist bereits online. Es sieht gut aus, sie freuen sich und bekommen zu dem normalen Hyperlink noch einen DOI, um Ihren Aufsatz eindeutig auffindbar zu halten. Sie verlinken sofort auf Ihre eigene Homepage und schicken allen Bekannten, Verwandten, Ex-Freund*innen und Kolleg*innen eine E-Mail mit dem Link.

Auf die Print-Publikationen müssen Sie nun warten. Die Zeit nutzen Sie, um sich eine eigene Marketingstrategie zu überlegen. Sie wollen in Abstimmung mit der Pressestelle des Verlages einschlägige Medien informieren, fragen Kolleg*innen, ob sie bereit wären, Ihr Buch zu rezensieren, und denken darüber nach, wo Sie durch Ihren Aufsatz zu Vorträgen eingeladen werden können oder ob ein Radiointerview möglich wäre, weil Ihr Thema brisant und zumindest teilweise auch für eine breitere Öffentlichkeit von Interesse ist.

Sie besprechen Ihre Ideen zu den Büchern mit Ihrem Verlag und bekommen noch einige wichtige Anregungen.

21.6 Gedruckt und erschienen

Und dann klingelt endlich der Paketbote und überreicht Ihnen die Belegexemplare. Sie schlagen das Buch oder die Zeitschrift auf – und finden als Erstes den Fehler, von dem ich Ihnen bereits erzählt hatte. Doch dann freuen Sie sich, stellen das Ergebnis Ihrer Arbeit und Mühen strahlend auf die Kommode im Flur, den Esstisch, den Schreibtisch. Sie packen ein Exemplar Ihrer Dissertation mit Widmung ein und schicken es Ihrer 80-jährigen Patentante. Sie genießen Ihren Erfolg.

Wenn Sie dann wieder zu sich gekommen sind, rufen Sie alle Menschen an, die Sie auf dem Weg begleitet haben, um sich zu bedanken, schicken die notwendigen Belegexemplare durch die Republik und bewerben sich für einschlägige Vorträge, organisieren mit Ihrer Campus-Buchhandlung eine Lesung für ein handverlesenes Fachpublikum und feiern eine richtige Book Party mit Freund*innen und Fachkolleg*innen.

Sie schließen mit der VG Wort einen Wahrnehmungsvertrag ab; ob Sie von Verlags- oder Redaktionsseite Honorar erhalten oder nicht: Von der VG Wort erhalten Sie eine kleine Ausschüttung. Denken Sie daran, dass Sie jede wissenschaftliche Publikation einzeln bei der VG Wort melden dürfen, aber auch müssen, um an der Ausschüttung zu partizipieren. Sollten Sie unsicher sein, kontaktieren Sie die netten Kolleg*innen ruhig: Die helfen Ihnen gern weiter. Für Open-Access-Publikationen gibt es keine VG-Wort-Entschädigung.

Den Weg vom Manuskript zum Buch finden Sie noch einmal in der schematischen Übersicht 21.1 nachgezeichnet. Es handelt sich in der Übersicht um ein Buch, das im Verlag formatiert wird. Wird die Vorlage von den Autor*innen erstellt, entfallen die Korrekturläufe.

Übersicht 21.1: Vom Manuskript zum Buch

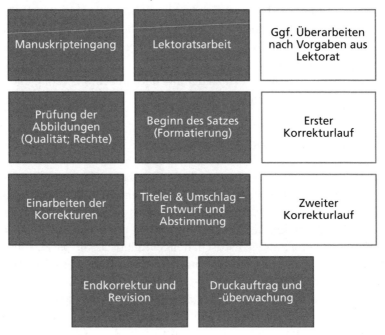

Grau hinterlegt = Verlagsaufgaben.
Weiß = Aufgaben des Autors/der Autorin.

Quelle: Eigene Darstellung.

Bevor das Ganze veröffentlicht werden konnte, haben Sie viel Arbeit bewältigt, sich vielfach geärgert, waren häufiger der Meinung, nun sei es endlich fertig, und mussten noch einmal Hand anlegen. Die Verlags- und Redaktionsleute, die Sie in dieser Zeit begleitet haben, haben dies sicherlich gern getan und standen Ihnen mit Rat und Tat zur Seite. Möglicherweise konnten Sie nicht alles durchsetzen, was Sie hatten erreichen wollen. Ihr Verlag hat Ihnen vielleicht das Recht auf nicht exklusive Nutzung als digitale Publikation nicht zugestanden, sondern im Gegenteil, er insistiert, Ihre Publikation auch digital anzubieten. Oder Sie haben aus Kostengründen darauf verzichtet, einige Abbildungen in Farbe abdrucken zu lassen.

Im Großen und Ganzen haben Ihr Verlag oder Ihre Redaktion Sie, wie ich hoffe, zu Ihrer Zufriedenheit begleitet und Ihnen hat die Kooperation Freude bereitet. Hoffentlich hat Ihnen dabei dieses Buch ein wenig Hilfestellung geben können.

Auf der Internetseite dieses Buches

budrich.de/erfolgreich-publizieren-das-buch/

finden Sie noch einige Zusatzinformationen. Und ich freue mich auf Ihre Kommentare, Rückmeldungen, Kritiken und Anmerkungen – nutzen Sie dafür gern meine E-Mail-Adresse: barbara.budrich@budrich.de.

Weitere Unterstützung

Vom ersten „PUH!" zur Publikation – die Coachingbriefe

Vom ersten „PUH!" zur Publikation führt Sie in sieben Schritten durch den Schreib- und Publikationsprozess.

Ob Neuling oder erfahren im Publizieren, ob Sie direkt publizieren mögen oder aktuell keine Publikation planen, die Coachingbriefe sind für Sie geeignet: Früher oder später wollen und müssen Sie publizieren.

Der Ablauf

Sie bekommen jede Woche per E-Mail einen Impuls – insgesamt sieben an der Zahl –, der zu einem geschützten Online-Bereich führt: Dort beantworten wir Ihre Fragen und diskutieren mit Ihnen.

Der Gutschein-Code

Als Leser*in dieses Buches erhalten Sie 5 Euro Rabatt auf den regulären Preis dieser Coachingbrief-Serie. Der Gutschein-Code, den Sie während des Bestellvorgangs eingeben können, lautet:

PUH

Weitere Informationen online unter:
https://budrich-training.de/puh-coaching-serie/

Weitere Unterstützung: budrich training

Ob es um das wissenschaftliche Präsentieren, Schreiben oder Publizieren geht: budrich training bietet Coaching, Beratung, Seminare, Workshops, Vorlesungen und Online-Ressourcen zu einer ganzen Palette von Schlüsselkompetenzen für die Wissenschaft.

Mein Team und ich bieten seit Jahren Veranstaltungen zum Themenkreis wissenschaftliches Publizieren, Schreiben und Präsentieren an.

Dieses Buch ist eine Ergänzung zu den Publikationsveranstaltungen, die helfen sollen, die Notwendigkeiten und Prozesse im Bereich des wissenschaftlichen Veröffentlichens transparenter und so auch leichter zu gestalten.

Wir freuen uns, wenn Sie Interesse an unseren Angeboten haben, und stehen Ihnen für Rückfragen und weitere Auskünfte gern zur Verfügung.

www.budrich-training.de

Literaturverzeichnis

BBAW – Berlin-Brandenburgische Akademie der Wissenschaften (2015): Empfehlungen zur Zukunft des wissenschaftlichen Publikationssystems. www.publikationssystem.de [Zugriff: 28.8.2015].

Boeglin, Martha (22012): Wissenschaftlich arbeiten Schritt für Schritt. Gelassen und effektiv studieren (utb). Stuttgart.

Deutsche Gesellschaft für Psychologie (Hrsg.) (^{2}2007): Richtlinien zur Manuskriptgestaltung. Göttingen.

Dreyfürst, Stephanie/Sennewald, Nadja (Hrsg.) (2014): Schreiben. (utb) Stuttgart.

Ebel, Hans Friedrich/Bliefert, Claus/Greulich, Walter (^{5}2006): Schreiben und Publizieren in den Naturwissenschaften. Weinheim.

Esselborn-Krumbiegel, Helga (^{5}2017): Von der Idee zum Text. Eine Anleitung zum wissenschaftlichen Schreiben (utb). Paderborn.

Fetzer, Günther (2015): Berufsziel Lektorat. Tätigkeiten – Basiswissen – Wege in den Beruf (utb). Stuttgart.

Hagner, Michael (2015): Zur Sache des Buches. Göttingen.

Herb, Ulrich (2012a): Im Auge des Betrachters: Wie will man die Qualität wissenschaftlicher Publikationen beschreiben? https://budrich.de/ueber-mich/im-auge-des-betrachters-wie-will-man-die-qualitat-wissenschaftlicher-publikationen-beschreiben-gastbeitrag-von-ulrich-herb/ ([Zugriff 19.6.2019].

Herb, Ulrich (2012b): Pimp my Impact Factor. http://www.heise.de/tp/news/Pimp-my-Impact-Factor-1999230.html [Zugriff 29.8.2015].

Huemer, Birgit u. a. (2012): Abstract, Exposé und Förderantrag. Eine Schreibanleitung für Studierende und junge Forschende. (utb) Stuttgart.

Kieser, Alfred (2010): Die Tonnenideologie der Forschung. http://www.faz.net/aktuell/feuilleton/forschung-und-lehre/akademische-rankings-die-tonnenideologie-der-forschung-1997844.html   [Zugriff 29.8.2015].

Lucius, Wolf D. von (^{3}2014): Verlagswirtschaft. Ökonomische, rechtliche und organisatorische Grundlagen (utb). Stuttgart.

Rüegg, Rudi (1972): Typografische Grundlagen. Handbuch für Technik und Gestaltung. Zürich.

Scherübl, Ingrid/Günther, Katja (2015): Der Schreibimpulsfächer (utb). Stuttgart.

Scheuermann, Ulrike (^{3}2016): Schreibdenken. Schreiben als Denk- und Lernwerkzeug nutzen und vermitteln (utb). Stuttgart.

Scheuermann, Ulrike (2011): Die Schreibfitness-Mappe. 60 Checklisten, Beispiele und Übungen für alle, die beruflich schreiben. Wien.

Schickerling, Michael/Menche, Birgit/Bramann, Klaus-Wilhelm (^{3}2012): Bücher machen. Ein Handbuch für Lektoren und Redakteure. Frankfurt/M.

Schneider, Wolf (^{11}2001): Deutsch für Profis. Wege zu gutem Stil. München.

Schönstedt, Eduard (^{3}2010): Der Buchverlag: Geschichte, Aufbau, Wirtschaftsprinzipien, Kalkulation und Marketing. Stuttgart.

Schulze, Gernot (^{6}2009): Meine Rechte als Urheber. Urheber- und Verlagsrechte schützen und durchsetzen. München.

Sick, Bastian (2008): Der Dativ ist dem Genitiv sein Tod: Ein Wegweiser durch den Irrgarten der deutschen Sprache. Die Zwiebelfisch-Kolumnen Folge 1-3. Köln.

Sick, Bastian, Zwiebelfisch-Kolumnen aus dem Spiegel: www.bastiansick.de/ [Zugriff: 28.8.2015].

Swales, John M./Feak, Christine B. (^{3}2012): Academic Writing for Graduate Students. Essential Tasks and Skills. Ann Arbour, Michigan.

Swales, John M. & Feak, Christine B. (2000): English in today's Research World. A Writing Guide. Ann Arbor, Michigan.

Ulmi, Marianne/Bürki, Gisela/Verhein, Annette/Marti, Madeleine (2013): Textdiagnose und Schreibberatung (utb). Stuttgart.

Willberg, Hans Peter/Forsman, Friedrich (^{5}2010): Lesetypografie. Mainz.

Willberg, Hans Peter/Forsman, Friedrich (1999): Erste Hilfe in Typografie. Ratgeber für Gestaltung und Umgang mit Schrift. Mainz.

Wymann, Christian (2015): Der Schreibzeitplan: Zeitmanagement für Schreibende (utb). Stuttgart.

Anhang: Auflösung des Grammatikspiels

- Eine solch gute Betreuung seitens eines Doktorvaters bin ich nicht *gewöhnt* – korrekt: gewohnt.
- Wegen *dem Thema* haben wir lange überlegt – korrekt: wegen des Themas.
- Im Sommer *diesen Jahres* werde ich abgeschlossen haben – korrekt: dieses Jahres.
- Durch die Disputation werde ich hoffentlich einfach nur *durchgewunken* – korrekt: durchgewinkt
- Wir gedenken dann *den Armen*, die es nicht geschafft haben – korrekt: Wir gedenken dann der Armen.

Danksagungen

Selbst ein so knappes Büchlein, das hauptsächlich auf meinen eigenen Lebens- und Berufserfahrungen basiert, ist viel Arbeit – mehr Arbeit, als ich allein hätte bewerkstelligen können.

Deshalb möchte ich allen danken, die mir direkt oder indirekt geholfen haben, dieses Buch zu verfassen.

An allererster Stelle stehen dabei alle Autor*innen, Herausgeber*innen, Redakteur*innen, Übersetzer*innen, Lektor*innen und Wissenschaftler*innen aller Fachrichtungen, die ich bei der Veröffentlichung ihrer Texte direkt oder indirekt begleiten durfte: als Lektorin, als Übersetzerin, als Redakteurin, als Verlegerin und als Trainerin und Coach. Ich danke Euch und Ihnen – ohne Dich, ohne Sie fände ich nicht die Freude und Erfüllung, die diese Arbeit mir seit Jahrzehnten bietet.

Meiner Familie möchte ich an dieser Stelle danken: Einige von Euch haben mich in diese Branche gebracht, andere sind erst durch mich in diese Branche gekommen. Und Ihr alle unterstützt mich mit Rat und Tat, mit Geld und guten Worten, mit Witz und Esprit. Danke! Und: Bitte weiter so!

Mein ganz besonderer Dank geht an Ulrike Weingärtner von TextAkzente, die mit Lektorat, Layout und Geduld auch diese Neuauflage professionell begleitet hat.

Was wäre der Verlag, wenn ich allein der Verlag wäre? Was wäre budrich training, wenn nur ich allein dafür stünde? Was wären all meine Unternehmungen ohne das großartige Team? Ich danke Euch allen, die Ihr mich als Mitarbeiter*innen und Partner*innen in diesen Unternehmungen begleitet habt und noch begleitet. Ohne Eure Ideen, Eure Unterstützung, Euer großartiges Engagement gäbe es nichts von alledem! Danke!

Barbara Budrich
August 2019

Verzeichnis der Übersichten

budrich training –

Schlüsselkompetenzen für Ihren Erfolg in der Wissenschaft

Gelungene Wissenschaftskommunikation ist der Schlüssel zur Wissenschaftskarriere. Wer am wissenschaftlichen Diskurs nicht teilnimmt, ist nicht sichtbar. Wer nicht sichtbar ist, hat es schwer, sich in der Wissenschaft zu etablieren.

Unsere Expertise liegt im Bereich Wissenschaftskommunikation: Als Lektorinnen, Berater und Verlagsmenschen begleiten wir die Wissenschaft seit Jahrzehnten mit Schwerpunkten im Bereich Schreiben und Publizieren. Unsere Erfahrung haben wir systematisch aufbereitet und teilen sie in Vorträgen, Workshops und Coachings.

Erfahren Sie mehr über

❏ unsere Angebote zum wissenschaftlichen Schreiben,
❏ unsere Angebote zum wissenschaftlichen Publizieren,
❏ unsere Coaching-Angebote

www.budrich-training.de